COLLECTION DES ANCIENNES DESCRIPTIONS DE PARIS

ANTOINE DU MONT ROYAL

LES GLORIEUSES
ANTIQVITEZ DE PARIS

AVEC

INTRODUCTION ET NOTES

PAR

L'Abbé Valentin DUFOUR

PARIS

A. QUANTIN, IMPRIMEUR-ÉDITEUR

7, RUE SAINT-BENOIT

1879

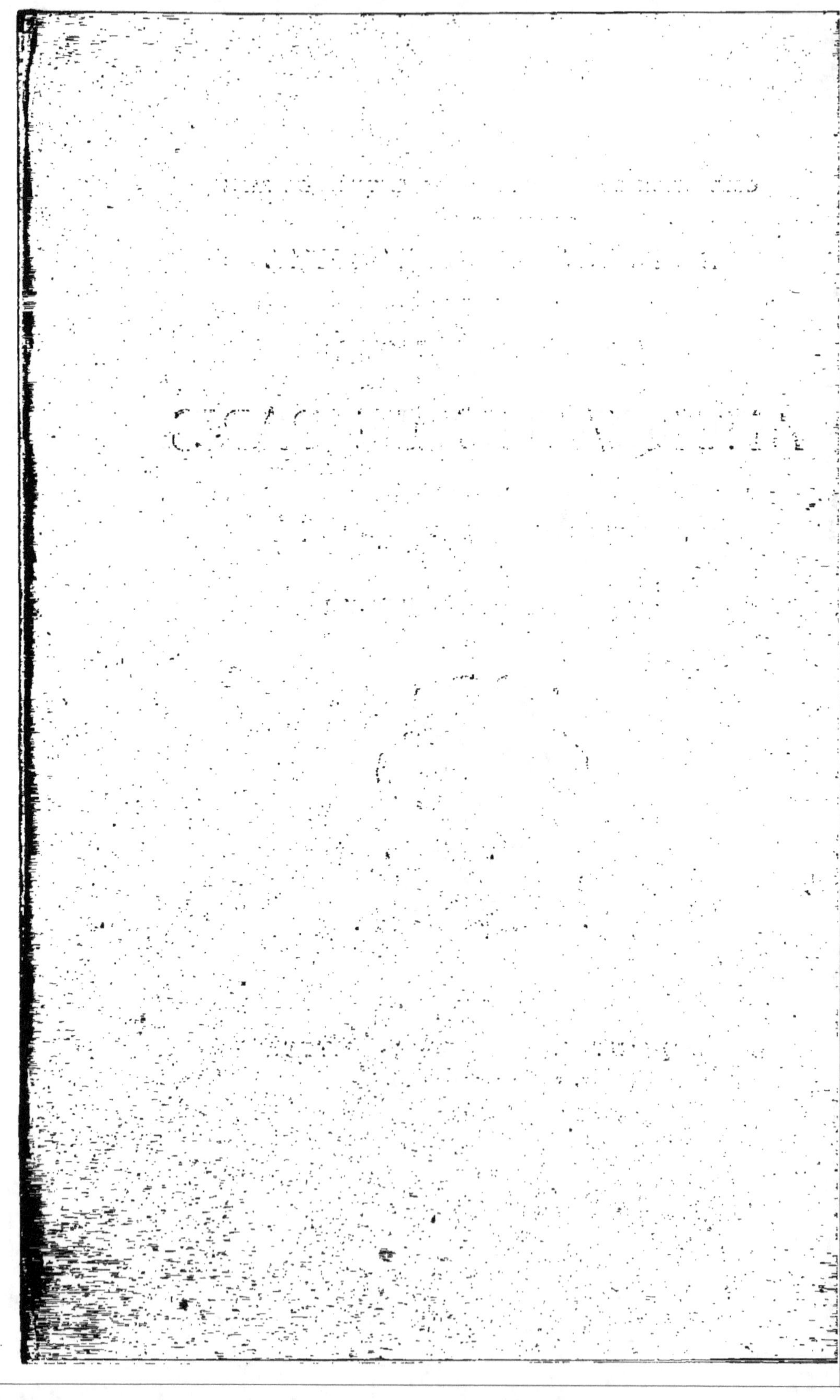

ANCIENNES DESCRIPTIONS

DE

PARIS

II

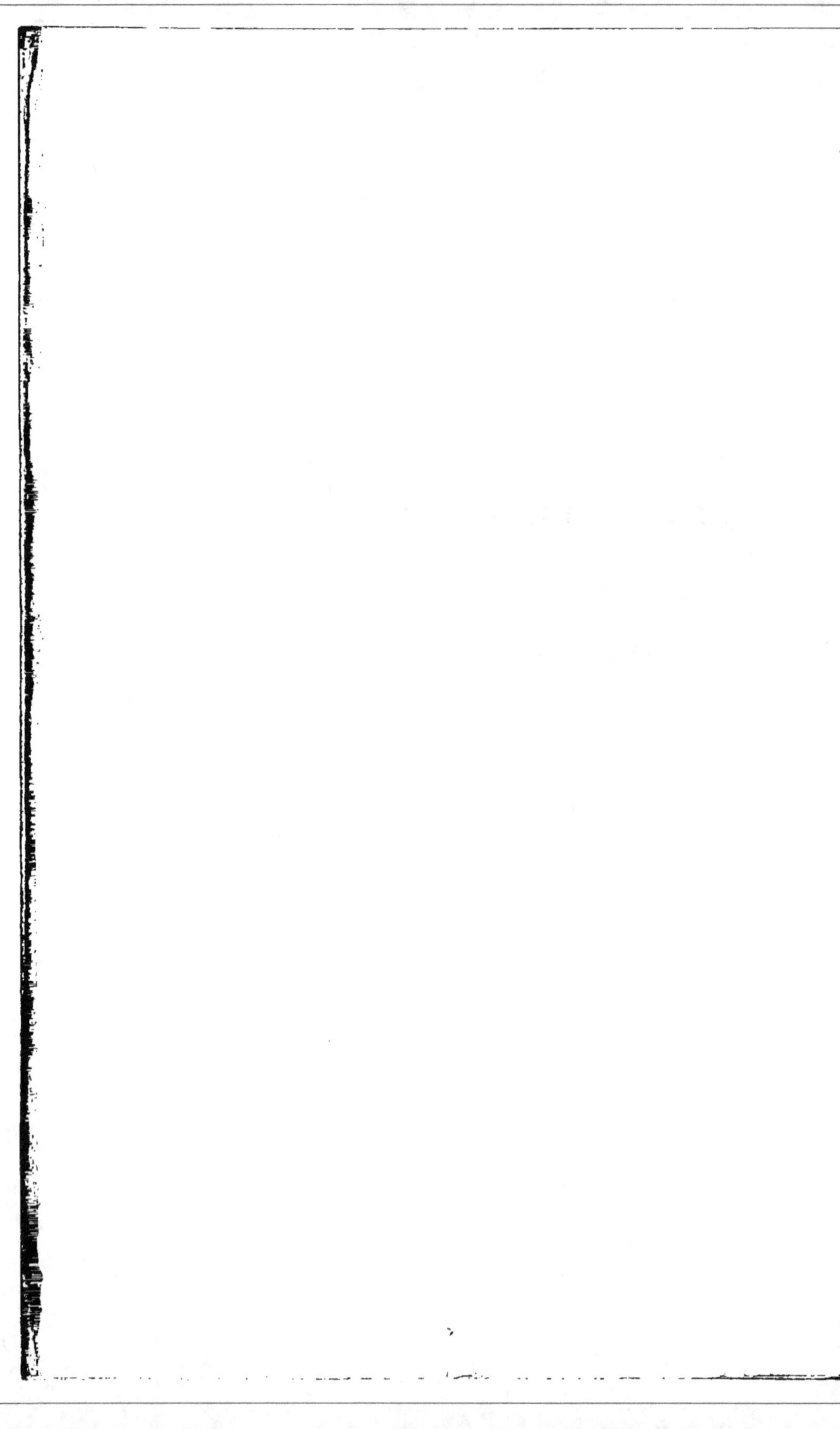

LES GLORIEUSES

ANTIQVITEZ DE PARIS

Cet ouvrage est tiré à 330 exemplaires, savoir :

Sur chine. . . n^os de 1 à 30.
Sur hollande, n^os de 31 à 330.

———

Exemplaire N° **261**

ANTOINE DU MONT ROYAL

LES GLORIEUSES
ANTIQVITEZ DE PARIS

AVEC

INTRODUCTION ET NOTES

PAR

L'Abbé Valentin DUFOUR

PARIS

A. QUANTIN, IMPRIMEUR-ÉDITEUR

7, RUE SAINT-BENOÎT

1879

INTRODUCTION.

ICHE en documents bibliographiques, *livres nouveaulx, livres vieil{ et anticques,* manuscrits à miniatures, classiques ou de théologie, la Bibliothèque de l'Arsenal possède encore sur ses rayons des volumes qui font la joie de l'amateur, quand il les rencontre. Un jour j'eus cette bonne fortune ; cherchant d'après les indications du bibliophile Jacob, M. Paul Lacroix, je trouvai dans une collection d'almanachs une *Dance macabre* qu'il m'avait signalée. Elle était enfouie dans un de ces volumes auxquels on accorde d'ordinaire peu d'attention ; de tous c'est certainement le plus curieux, tant au point de vue des sujets qui y sont traités, que par ses spécimens de la gravure sur bois dans les livres populaires. Nous

allons revenir tout à l'heure sur ce sujet, disons auparavant un mot de l'auteur : Antoine du Mont Royal.

Les dictionnaires historiques, biographiques et bibliographiques sont muets au sujet de ce personnage qui nous a légué son portrait ; rien ne fait connaître ce qui l'a autorisé à prendre une qualification prétentieuse, sinon peut-être pour relever son prénom un peu court. On ne trouve dans aucun dictionnaire géographique de localité portant son nom, qui ne peut appartenir qu'à un *lieu dit,* que nous ne rencontrons pas dans les environs de Paris.

L'auteur des *Glorievses Antiquitez de Paris* nous apprend dans le titre non moins long qu'ambitieux, tout ce que nous savons sur sa personne ; il était né à Paris vers 1622, puisque lorsqu'il fit paraître sa Description, il accuse cinquante-six ans, comme on le voit sur son portrait qu'il a pris soin de faire placer en tête de son livre.

Il s'intitule maître, c'est-à-dire docteur et mathématicien, c'était le mot à la mode ; au xve siècle les princes et les grands seigneurs avaient dans leur maison des physiciens, mires ou médecins, et des astrologues qu'ils consultaient pour connaître les événements futurs, l'influence des astres sur leur destinée, l'avenir de leurs enfants, le succès de leurs entreprises. Antoine du Mont Royal ne voulant pas être confondu avec les vulgaires charlatans, leurs successeurs dégénérés, s'intitule mathématicien et de plus grand astrologue, c'est-à-dire qu'il faisait sa spécialité de l'étude du cours et des révolutions des astres. La modestie ne paraît pas avoir été sa vertu favorite, non plus que celle de ses confrères. Dans ce même recueil de 1678 nous trouvons les indications suivantes : l'*Almanach géographe du Palais, fuputé & de nouveau mis au iour par le fieur Labranche, ingénieur & grand mathématique, avec portrait. Paris & Troyes.* — *Le véritable chemins* (sic) *de France & Almanach compofé par Maiftre Jonas de Lile, favoyar, réfident à Turin, matématicien, fuivant les bons préceptes d'Aftrologie de Copernic. Rouen.* — C'est une espèce d'itinéraire des provinces de France, partant de leur capitale et suivant toutes les routes qui y aboutissent, ou mieux un tableau des localités intermédiaires avec la distance de l'une à l'autre, une espèce de carte des étapes à l'usage des piétons, avec la *Description* de plusieurs *villes* desdites provinces, ornée d'une vue, gravure sur bois de ces villes, sans oublier le portrait de l'auteur dans l'exercice de ses hautes fonctions. — *Le véritable Iardinier vniverfel & Almanach compofé par Maiftre Pierre Dvrett, matématicien, premier Iardinier de Séréniffime prince Ferdinand, duc de Bavière. Rouen.* Les illustrations sont ici des plantes, le texte leur description. L'auteur est coiffé d'une espèce de turban, son costume est celui de l'époque. Tous tenaient à transmettre leurs traits à la postérité la plus reculée. — *Le Kalendrier perpétuel avx bons labovievrs & almanach compoſé par Maiſtre Antoine Magin, dit l'Hermite Solitaire, portrait. Rouen.* — *Almanach compoſé par Maiſtre Pierre Le Maiſtre, Arpenteur, Iaugeur, Toiſeur, natif de Bourneville, réſident à Honnefleur, portrait. Rouen.* L'ouvrage est facétieux, digne pour le texte de Gaultier Garguille et pour les gravures d'un élève de Callot. — *Le cvrievx Almanach compoſé par le ſieur Angelo Caſaretta, Italien, Médecin Romain, Aſtrologue, Mathématicien & grand Opérateur du Roy. Rouen.* Description des jeux avec gravures qu'on croirait tirées des *Songes drolatiques de Pantagruel* par maistre François Rabelais, lui aussi à ses heures, un faiseur d'almanachs et de pronostications. Le tout suivi de recettes infaillibles contre toutes les maladies incurables. — *Almanach compoſé par Maiſtre Mavr le Favchevr, Aſtrologien, grand Mathématicien, ſupputateur des Planètes & Eſtoiles fixes. Rouen.* Avec portrait de Jeanne d'Arc entre le soleil et la lune, la moitié de la figure représente une tête de mort; de la main droite elle tient son épée, de la gauche probablement sa toque, son corsage est lacé par devant, ses manches à gigot sont agrémentées de crevés: costume de Suissesse du XVI siècle. Ce portrait manque à la collection du musée d'Orléans. Pour illustrations, vingt-huit bois, signés A M T, représentant des sujets de la dance macabre, taillés avec une serpe. Le texte ne correspond pas aux gravures ; il n'y a aucun ordre, le libraire et l'artiste semblent avoir fait peu de cas de l'intelligence et du goût des lecteurs. — *Almanach compoſé par Maiſtre Guillavme Lovdiev, Curé de Connelle, pour le méridien de la ville de Rouen, Paris, etc. Rouen,* avec des gravures, accompagnant des histoires aussi édifiantes qu'invraisemblables. — *Almanach compoſé par Anthoine Gloria, natif d'Orléans & réſident à Bordeaux, grand Aſtrologue & Mathématicien. Rouen.* Portrait qu'on peut prendre pour celui de Turenne ou de Charles XII à volonté. Histoires apocalyptiques, gravures fantastiques. — Enfin, pour terminer vient le dernier *Almanach compoſé par Alexandre des Moulins, Sieur d'Argivaux, natif de Troye & réſident à Toulouſe, grand Aſtrologue & Mathématicien. Rouen.* Le texte et les gravures sont suffisamment expliqués par le titre : *Où l'on voit les Portraits des douʒe Sibylles, tireʒ ſur ceux qui ſe gardent au Vatican à Rome, recueillis par la diligence des Saints Pontifes & des Empereurs Romains, & ſur ceux qui ſont au Capitole. Enſemble les lieux où elles ont prophétiſé & d'autres particulariteʒ.*

Le portrait de l'auteur, qui remplit la moitié de la page, représente un homme jeune encore, avec une perruque luxuriante, comme on les portait alors, la ressemblance n'est pas garantie.

On le voit par l'énumération des divers livrets qui composent ce volume, renfermant les productions d'une seule année, les almanachs scientifiques, si l'on peut parler ainsi, ne manquaient pas, car les almanachs pour le peuple proprement dit, étaient rédigés par Mathieu Lænsberg, Nostradamus et autres, ils étaient beaucoup plus sommaires ; les délicats donc avaient encore un grand choix.

L'histoire de cette branche de la littérature qui avait pris à tâche de vulgariser les connaissances utiles et qui y mêlait beaucoup d'erreurs, de préjugés, se conformant trop souvent en ce point au goût des contemporains, est œuvre à faire. M. Charles Nisard, dans son *Hiſtoire des livres populaires*, a effleuré ce sujet ; dans un chapitre il décrit tous les almanachs modernes, dans un autre il dit un mot seulement de Mathieu Lænsberg, de Nostradamus, du *Comput des Bergers*, du *Meſſager boiteux*, sans remonter aux origines. C'est un sujet curieux qui n'a pas encore été traité complètement et qui est bien fait pour tenter. On le voit par le simple exposé que nous avons présenté d'un seul volume pris au hasard, ce qu'il y aurait de révélations sur l'état des sciences et des diverses connaissances humaines à une certaine période. Relever les croyances erronées, les pratiques superstitieuses, les préjugés, les erreurs, ne serait pas le moins piquant d'un tel travail. Une brochure parue

récemment (Bruges et Paris, 1878), due à la plume de
M. Advielle d'Arras et intitulée : *Documents inédits
ſur les prophéties de Noſtradamus & ſur Vincent Sève,
ſon continuateur,* nous avait paru, d'après son titre, un
premier pas fait dans cette voie. Ce qui donnerait de
l'attrait à un tel travail serait la difficulté de réunir
et de retrouver ces petites brochures tirées à des
milliers d'exemplaires et détruites aujourd'hui.
Paris, Troyes, Rouen avaient le monopole de ces
publications, les grandes bibliothèques de ces villes,
— le dépôt légal n'existant pas encore — en offriraient
sans doute quelques spécimens, mais aucune n'en
possède une collection complète. Seule, peut-être, la
Bibliothèque de l'Arsenal, grâce, probablement au
goût d'un collectionneur et à son attention à les vêtir
avec luxe, en possède une série presque complète, à
quelques lacunes près, volumes prêtés sans doute et
perdus; elle embrasse une période de trente-cinq
années. Chacun de ces volumes comprenant une
année renferme tous les almanachs parus à la même
date, le format en est uniforme ; le couteau du relieur
ayant promené son niveau égalitaire sur les marges
indiscrètes, il est bien arrivé parfois, et en particulier
aux *Glorievses Antiquitez de Paris,* que le texte est
atteint ; mais il fallait que la tranche fût unie pour
recevoir la dorure obligatoire. Il n'y avait qu'un collectionneur, amateur ou bibliophile pour donner à ces

livrets ordinairement piqués et couverts d'une simple
feuille de papier vulgaire un vêtement de luxe, aussi
était-ce un bibliophile que le possesseur de ces petits
livres, on le sent rien qu'à les voir couverts en vélin
avec un double filet et fleurs de lis, dorés de même
que l'écusson au dos et aux plats, encadrant les
armoiries de leur glorieux maître, car il a laissé ses
armes et partant son nom sur chacun de ses volumes,
il le fit et fit bien, car nous savons ainsi qui nous
devons remercier de nous les avoir conservés. En
ouvrant l'*Armorial du bibliophile* de M. Joannis
Guigard, on trouve avec l'écusson qui orne les plats de
notre série d'almanachs : « Bailleul (Nicolas-Louis de),
marquis de Château-Gonthier, président à mortier
au parlement de Paris, mort le 17 avril 1714, âgé de
63 ans. Il avait épousé: 1° en octobre 1678, Louise
Girard, fille unique de Louis, seigneur de la Cour
des Bois, Tillai, etc., doyen des maîtres des requêtes;
2° Charlotte du Frêne, veuve de Jacques le Noir,
trésorier de France. Armoiries : parti d'hermines et
de gueules, avec couronne de marquis. » L'auteur ou
plutôt le graveur a dû faire erreur; sur les volumes
que nous avons sous les yeux, les hachures sont en
fasce ou horizontales, ce qui est d'azur et non en pal
ou perpendiculaires. « Cet amateur portait sur ses
livres, tantôt ses armes simples avec le mortier, tantôt
accompagnés de support et de manteau de pair, l'écu

timbré d'une couronne de marquis et d'un casque
paré de face surmonté du mortier, d'où sort une
tête de griffon. »

Antoine du Mont Royal, il nous l'apprend lui-
même, était Parisien ; peut-être était-il en relation
avec la famille de Bailleul, est-ce par reconnaissance
ou par flatterie? toujours est-il qu'il rappelle que la
place devant la maison de ville était ornée d'une fontaine restaurée sous la prévôté de Nicolas de Bailleul
en 1625 : en effet la place de Grève, comme toute
place qui se respecte, possédait une croix faisant
pendant au gibet, et une fontaine. Divers historiens
de Paris ont rapporté le fait sans citer le nom du
magistrat qui reconstruisit également à nouveau la
fontaine de Birague, rue Saint-Antoine, devant les
grands Jésuites. Nicolas de Bailleul avait hérité du
goût de son prédécesseur F. Miron pour la décoration de la ville en même temps que de la charge
de prévôt, il fut élu en 1622, et continué en 1624
et en 1626, il est qualifié dans les actes de « messire
Nicolas de Bailleul, seigneur de Watrelos-sur-Mer
et de Choisy-sur-Seine, conseiller du roi et lieutenant civil » ; c'est probablement l'aïeul de Nicolas-
Louis de Bailleul, président au Parlement, notre
bibliophile.

Un mot d'explication au sujet des gravures scru-
puleusement copiées d'après l'original est nécessaire.

Après avoir prévenu le lecteur que quelques planches sont reproduites à l'inverse de ce qu'elles devraient être pour le spectateur, par exemple le may se trouvant à gauche de la Sainte-Chapelle, au lieu de se trouver à droite, nous laissons la parole à Maître Antoine du Mont Royal, qui va nous dérouler les *Glorievses Antiquitez de Paris,* en commençant par le titre un peu long de l'auteur, accompagné de son portrait. « Il ne me déplaît pas, disait certain personnage, de trouver en tête d'un livre le portrait de celui qui l'a écrit, je m'intéresse davantage à son œuvre. » Antoine du Mont Royal semble avoir partagé cet avis, nous regrettons pour lui et pour le lecteur que son effigie soit un peu trop primitive. Les illustrations de ce livret accusent une main peu exercée, celle d'un élève peut-être.

L'abbé V. Dufour.

LES GLORIEVSES

ANTIQVITEZ DE PARIS

OU IL SE VOID L'ESTAT PRESENT DE CETTE CITÉ
MÉTROPOLITAINE ET CAPITALE VILLE DES
FRANÇOIS

*Contenant le nombre de fes magnifiques Eglifes, tant Abbayes,
Prieurez, que Parroiffes, Convens de Religieux
& Religieufes & Hôpitaux, de leurs fondations
tant anciens que modernes,*

AVEC LE NOMBRE DE SUPERBES CHASTEAUX,
PALAIS, HÔTELS ET COLLÈGES, GRANDES PLACES
ET AUTRES CURIOSITEZ.

*Comme auffi le nombre de fes Ponts, Ports, Rues, Marchez,
Places publiques & Portes de ladite Ville.*

Le tout enrichy de Figures,

Compofé par Maiftre ANTOINE DV MONT ROYAL
natif de Paris, Matématicien & grand Aftrologue,
réfident en la ville de Lyon.

A ROVEN

Chez Jean Ovrfel, rue du Bec, à l'Imprimerie.

FONDATION, ACCROISSEMENT

ET AVGMENTATION DE LA VILLE

CITÉ ET VNIVERSITÉ DE PARIS,

des Antiquitez & fingularitez qui s'y remarquent à préfent.

PARIS.

*E ne peux rendre mon jugement conforme à celuy de ceux qui fe hafardent de donner à Paris pour fondateur ce deftructeur d'Ilion, Pâris. Les opinions en font différentes, quelques uns luy donnent un autre Pâris, Roy de Celtes, defcendant de Salmothé, qui leur enfeigna les Loix de la vie Politique. Quelques autres la font plus ancienne*

*difent que longtemps avant que les Sicambriens délaif-
fans la Scythie vinffent peupler la Gaule, Paris eftoit
bafty portant le nom de Lutèce, à caufe des marefts qui
la rendoient boüeufe.*

*L'opinion de ceux-là eft plus probable qui difent
que Luce XVIII, Roy de Celtes* [1]*, régnant l'an du
monde 2550, la fonda prenant de là fon nom de Lutèce
ou de Lutecie. Anciennement elle a efté appellée de
Leucotèce ou à caufe de la blancheur du vifage de
fes habitans ou parce que les maifons eftoient bafties
de plaftre.*

*Quant au nom de Paris, il eft croyable que fon ori-
gine foit venüe d'un Roy de Celtes ainfi nommé, de qui
le Pays circonvoifin ayant prins le nom de Parifis &
les habitans Parifiens. Après quelques années, ces
Parifiens eftans travaillez avec perte notable de certains brigands qui ravageoient le pays, furent con-
traints pour éviter cette furie de fe jetter dans la Cité
de Leucotèce qui fut appellée d'un confentement des
premiers habitans & des réfugiez Leucotèce ou Lutèce
des Parifiens. Quelques autres difent que le nom eft
dérivé de certains peuples Grecs nommez Parraffiens,
que Hercule conduifit en ce pays, paffant en Italie;
mais cette créance eft mal fondée. Avec moins encore
de grâce quelques autres qui avancent que ce fuft Iules
Céfar qui baftit le premier la Cité de Paris, qu'il appela*

1. Luce XVIII, roi imaginaire des Celtes, dont la généalogie
n'est pas mentionnée par les auteurs de l'*Art de vérifier les
dates.*

Iulie ; car il dit luy-mefme en fon fixième Livre de fes Commentaires qu'ayant commandé l'Affemblée des Eftats de Gaule, quelques vns ne s'eftans pas trouvez, craignant que le retardement entraifnaft avec foy quelque rébellion, changea le lieu du Confeil à Lucette [1], ville des Parifiens, voifine des Senevois [2]. Comment pourroit donc Céfar eftre fondateur de Paris, puifque de tout temps (comme il advoüe) les Parifiens eftoient alliez avec ceux de Sens, ennemis jurez de la ville de Rome, & qu'il fit changer le lieu de l'Affemblée à Lutèce. Il en parle encore fi clairement au feptième (livre) de fes Commentaires, que c'eft eftre fans iugement de le dire premier fondateur de Paris. Quelques vns prenans le nom de Iules pour Iulien fe font trompez difant que Iules Céfar a fait baftir le Collège de Clugny et le grand Chaftelet, car ce fut Iulien l'Apoftat qui fit conftruire ces deux baftimens qui reftent encore aujourd'huy de l'injure des Guerres [3] en cette fuperbe ville de Paris.

Ce feroit vn difcours fans fin, fi ie voulois établir ou détruire les opinions de divers Autheurs fur la première fondation, il me femble que i'ay fatisfait à mon devoir n'ayant d'autre deffein que de te faire voir (lecteur) en abrégé ce vafte monde de Paris. La Ville de Paris, anciennement Vicomté, eft maintenant la première ville

1. Lisez Lutèce, le texte de César est formel.
2. Lisez Senonais, traduction plus littérale et plus usitée du mot latin Senones ; Senevois est peut-être une faute d'impression.
3. Les deux Châtelets construits par les Romains rappelleraient les humiliations de la conquête.

de France, divisée en Ville, Cité & Vniverſité. Parlons premièrement de la Ville.

DE LA VILLE.

LE Grand Chaſtelet fut baſty par Iulien l'Apoſtat pour luy ſervir de Citadelle & de Bureau, pour recevoir les tributs, ce lieu eſt un des principaux Sièges de la Iuſtice.

La Boucherie anciennement dite l'Aport de Paris, maintenant la Porte, fut faite par le commandement des Bourgeois, du coſté qui va à la Cité.

S. Leufroy, petite Eglife, le corps & les reliques du ſaint duquel elle porte le nom ſont à ſainſt Germain des Prez.

La Vallée de Miſère eſt ainſi dite à cauſe du ravage de la rivière débordée l'an 1469, c'eſtoit autresfois une voirie 1.

Quay de la Mégiſſerie, va juſqu'à la Porte Neufve.

Saint Germain de l'Auxerrois, cette Eglife fut baſtie premièrement au nom de ſaint Vincent, par Childebert, fils de Clovis. Depuis ſaint Germain, Evêque d'Auxerre, luy donna ſon nom; il y a Chanoinerie et Parroiſſe. Le grand Conſeil eſt dans ſon Cloiſtre.

---

1. Lieu affecté spécialement à Paris au dépôt des immondices, gravois, détritus de toutes sortes, quand on ne les jetait pas simplement sur la voie publique ou dans la rivière.

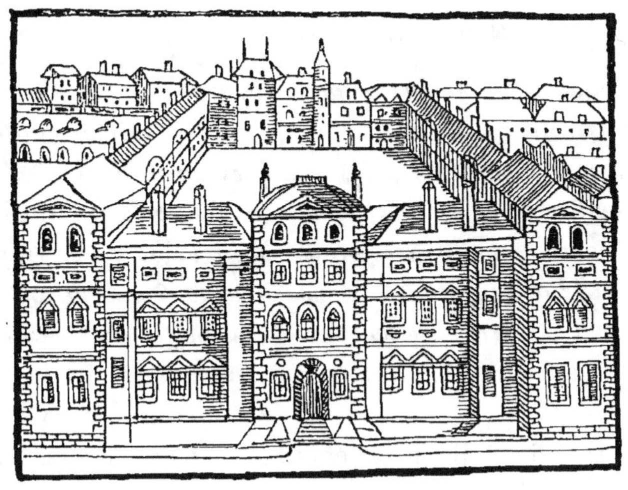

CHASTEAV DV LOVVRE.

E *Louvre eſt le logis ordinaire du Roy quand il eſt à Paris, dont les premiers commencemens ſont de Philippes Auguſte, qui donna des murailles à la Ville, pava les rües & fit baſtir les Halles. Charles V dit le Sage le répara & l'ouvrit*[1] *de beaucoup. François I*er*, Henry II & Henry IV luy donnèrent vne nouvelle face; Louis XIII, d'heureuſe mémoire, l'augmenta merveilleuſement en toutes façons: mais ſon fils Dieudonné, Louis XIV, le continüe tous les iours avec tant de merveilles & d'vne ſi riche*

1. L'embellit, le mot paraît n'avoir été employé ici que pour amener et expliquer l'étymologie de Louvre : l'œuvre par excellence.

Architecture qu'il fert d'étude aux fcavants de l'Art &
d'admiration à tous les Eftrangers. On y voit une Salle
d'entre plufieurs, ditte des Antiques, remplie de pièces
curieufes & très rares. On remarque les Pavillons, & fes
Colomnes comme de très beaux ouvrages, & s'il eft vray
que le Louvre fut ainfi nommé, comme fi on eût voulu
dire : l'OEuvre par excellence & en perfeclion[1], *c'est*
aujourd'huy qu'il mérite mieux que iamais ce beau nom.

L'Hoftel de Bourbon édifié par Loüis III, duc de
Bourbon, du règne de faint Loüis.

Saint Thomas du Louvre eft une petite Eglife, donnant fon nom à fa rüe.

Saint Nicolas du Louvre eft proche de là. Les
Thuilleries ont efté fondées par Catherine de Médicis,
Reyne de France. Henry le Grand a rendu ce lieu fu-
perbement délicieux; on y va des Galleries du Louvre.

Le convent des Capucins, fondé par Henry III, eft
tout proche dans la rüe faint Honoré.

Les Capucines vis-à-vis ont pour fondatrice Loüife
de Lorraine, au foin de la ducheffe de Mercœur.

Les Feüillans furent introduits dans le mefme
quartier l'an 1587 & logez dans le convent que fit
baftir Henry III, depuis de nouveau rebafty avec
une fort belle églife aux dépens de la Reyne mère.

Les Iacobins reformez ont dans le mefme faux-
bourg un convent.

1. Louvre est un mot saxon qui fignifie château ou camp
fortifié.

Saint Roch eſt une petite Egliſe baſtie par la dévotion des gens de bien, dès l'an 1587, achevée ſous le règne de Henry le Grand.

Les Quinze-Vingts eſt un Hoſpital fondé par ſaint Loüis, deſtiné pour les pauvres Aveugles.

Saint Honoré eſt une Egliſe Canoniale fondée l'an 1204, par Sybille, vefve de ſieur Renould Cherin.

La Croix du Tiroir eſt ainſi appellée, parce que, ſous Clotaire II, la Reyne Brunehaut y fut tirée à quatre chevaux.

Le Cimetière ſaint Innocent eſt un lieu où 'on enterre toutes fortes de perſonnes, bien que ſans adveu.

L'Egliſe ſaint Innocent eſt fondée dès l'an 1181, de la confiſcation du bien des Iuifs qui furent chaſſés de France.

Les Hàlles font une partie du marché Champeaux baſties l'an 1217 par Philippes Auguſte. Il y a enſuite la Halle de Beauſſe & la Halle de la Lingerie, dont la place fût baſtie par ſaint Loüis à quelques Lingères qui s'y habituèrent.

La Ferronnerie fuſt donnée par ſaint Loüis à quelques Ferronniers qui en firent une rüe, où le vendredy quatorzième iour de Mai 1610, fût tué d'vn coup de coûteau Henry le Grand.

Saint Euſtache, la plus grande Paroiſſe de Paris, n'eſtoit qu'une Chappelle dédiée à ſainte Agnès, par Jean Alais, Bourgeois de Paris, pénitent de quelques impoſts innovez ſur la marée.

L'Hoſtel de Bourgoigne porte le nom du duc à qui il appartenoit, les Confrères de la Paſſion le firent baſtir, c'eſt là où l'on repréſente les Comédies.

Sainte Marie Égyptienne eſt une petite Chappelle près la porte de Montmartre, fondée par un drapier de Paris.

La Porte Montmartre eſt ainſi appellée, parce qu'on va de là au Mont des Martyrs.

Montmartre eſt un lieu proche le fauxbourg, un peu éminent, plus que tout ce qui eſt autour de Paris, d'où l'on tire quantité de pierres & de plâtre pour la commodité de Paris ; dans la petite Égliſe l'on a trouvé, depuis peu, une caverne dans le roc couppé de mains d'hommes, où les Chreſtiens du tems des perſécutions s'aſſembloient pour dire la ſainte Messe[1].

Saint Lazare eſt un Prieuré où ſont des religieux de l'Ordre de ſaint Auguſtin, fort ancien.

La Ville neufve eſt un accroiſſement des fauxbourgs.

1. Voir la plaquette du temps avec figure relative à cette découverte, à la bibliothèque de la Ville de Paris, hôtel Carnavalet.

Le 16 juillet 1611 on découvrit, en faisant des travaux de maçonnerie auprès de la Chapelle des Martyrs, que notre annaliste appelle la petite *Église,* une crypte assez profonde renfermant un autel assez grossièrement exécuté, et au-dessus une croix de forme grecque comme on les faisait dans les premiers siècles chrétiens. Sur les parois étaient gravés d'autres croix et des fragments d'inscriptions : MAR., CLEMIN., et DIO. Lebœuf a donné une explication de ces mots, *Hist. du diocèse de Paris,* t. III, p. 120 et 121. M. Leblanc les a expliqués également, *Inscriptions chrétiennes de la Gaule,* t. I, p. 15. La Chapelle des Martyrs était un lieu de pèlerinage très ancien; en 1534 saint Ignace de Loyola et ses premiers compagnons, qui venaient de fonder la Société de Jésus, y prononcèrent leurs vœux.

La Porte faint Denis devance toutes les autres en
gloire & en honneur, pour ce que par elle, les Roys
& Reynes de France font leurs entrées à Paris. Les
Filles Dieu ont été fondées & inftituées par faint
Loüis. Il y a un hôpital auprès : en ce dit Monaftère
des Filles Dieu, les patiens qu'on va pendre à Montfaucon prennent une croix & leur dernier morceau[1].

1. On voyait encore à la fin du siècle dernier, au chevet exté-
rieur de l'église de ces religieuses, auprès de la rue Saint-Denis,
un crucifix devant lequel on conduisait les criminels qu'on allait
exécuter à Montfaucon ; ils le baisaient, recevaient de l'eau bénite,
et les Filles-Dieu leur apportaient trois morceaux de pain et du
vin : ce triste repas s'appelait le *dernier morceau du patient*.

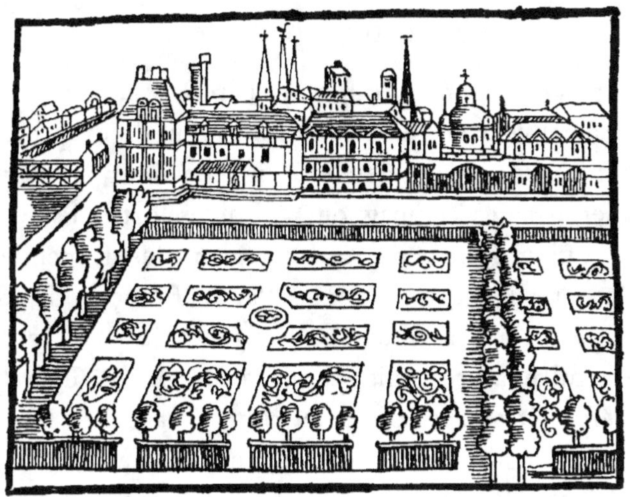

CHASTEAV DES TVILLERIES.

LES *Tuilleries joifgnant au Louvre par vne grande Gallerie enrichie & ornée de plufieurs rares tableaux qui font reviure les Roys de France en leurs images. A cette Gallerie en eft attachée vne auftre le long de la rivière qui conduit iufqu'aux Tuilleries où l'on voit vn beau & grand Iardin & vn Efcalier en coquille de limaçon fufpendu en l'air fans aucun noyau qui fouftienne les marches; c'eft vn chef-d'œuvre d'architecture qui paffe pour vne merveille.*

Saint Sauveur, Églife & Paroiffe, n'eft pas d'antique fondation.

La Trinité eft un Hôpital ordonné pour la retraite

des pauvres enfans qui ont pères & mères qui
ne les peuvent entretenir, ils font veſtus de drap bleu
& ont un bonnet de meſme : on leur fait apprendre
meſtier par des compagnons de toutes ſortes de meſtiers, qui y ſont logez & qui gagnent les franchiſes
& ſont reçus en la Ville de Paris. François Ier &
Henry II l'ont accreu. Les Religieux de l'Ordre de
Prémonſtré autres fois y ont réſidé. La Paſſion s'y
repréſentoit anciennement en rithme françoiſe. Il y a
derrière un grand Cimetière où ſont inhumez les corps
de l'Hôtel-Dieu & d'autres pauvres gens qui n'ont
aucun moyen.

Saint Iacques, Égliſe, Hôpital & Chanoinerie, eſt
de la fondation de ſaint Charles Magne[1]. Les pèlerins allans & venans de ſaint Iacques de Compoſtel
y ſont bien reçus & couchez. Au joignant eſt une
barrière des Sergents.

Saint Leu-Saint Gilles, Égliſe dépendante de ſaint
Barthélemy, qui eſt curé d'une eſt curé de l'autre.

Les Filles repenties, autrement dit ſaint Magloire :
en leur lieu eſtoient cy devant les Religieux qui ſont
à Saint Iacques du Haut-Pas. Là, pluſieurs corps de
meſtiers ont leurs Chappelles.

---

1. Charlemagne est un saint populaire et légendaire, fort honoré à Paris et dans l'Université qui l'avait pris pour patron,
mais que l'Église n'a pas canonisé.

2. On appelait ainsi des petits postes de soldats commandés
par un sergent, d'où leur vient leur nom, placés aux principaux
carrefours de la ville, pour maintenir le bon ordre et qu'on rele-
vait à la nuit, au moment où le guet prenait la garde de la ville.

Le Saint Sépulchre, Église Canonicale & Hôpital, a pour fondateur Loüis de Bourbon. Là font hebergez les pèlerins du faint Sépulchre de Hiérufalem pour quelques temps. Les Fontaines faint Innocent furent bafties l'an 1550. Les baffes tailles dont elles font ornées de l'œuvre de maiftre Iean Goujon.

Sainte Oportune eft Église Canonicale & Paroiffe : au lieu où elle eft fituée eftoit jadis un bois où fe retiroit la fainte Vierge de laquelle elle a le nom, pour vivre faintement hors du monde[1].

L'Hôpital fainte Catherine, fondé pour recevoir & loger une nuit feulement les pauvres eftrangers. La Croix de Gaftine est prefque tout devant, au moins la place où elle eftoit & la Croix dedans le Cimetière des Innocens.

Saint Ioffe, Églife & Paroiffe, en la rue Aubri le Boucher, eftoit du tems que faint Fiacre vint en France un Hôpital. Retournons au fauxbourg faint Laurens, là font les Récollects, qui, par les aumofnes des gens de bien ont fait édifier un très beau & fpacieux Monaftère, où Dieu eft fervy dévotement. Plus loing eft la maifon faint Louis, baftiment royal, pour retirer les pauvres malades en cas de néceffité, où font cifternes & fontaines pour l'usage de ceux qui font dedans. Il porte le nom du très chreftien Roy Loüis le

---

1. Les reliques de fainte Opportune furent apportées à Paris lors des invasions des Normands, jamais la fainte n'a résidé à Paris. Antoine du Mont Royal se fait ici l'écho d'une légende qui avait cours de son temps.

Iufte, d'heureufe mémoire [1]. En cette maifon ont efté mis les malades de la contagion [2].

Saint Laurens n'eftoit jadis qu'une Chappelle qui ne retient plus rien de fon ancienneté, pour ce qu'elle a efté rebaftie de nouveau fous Henri III, des aumofnes des gens de bien.

Venons à la Ville.

La Porte faint Martin a efté rebaftie par Meffieurs de la Ville en l'année 1614.

Saint Martin des Champs, anciennement Abbaye, & à préfent Prieuré, dépendant de la collation de l'Abbé de Cluny, fut jadis le Palais de Henry Ier, hors la ville de Paris.

Saint-Nicolas, furnommé des Champs, pour autant qu'il eftoit hors la ville, a pour fondateur Robert, fils de Hugues Capet. Guillaume Budé, du temps de nos pères une des lumières ou gloire parifienne, y repofe. Depuis l'année 1576 qu'elle fut accrüe, elle eft encore bien augmentée. En la rüe Chapon, près le Cimetière faint Nicolas, eft un nouveau convent de Religieufes. En la même rüe faint Martin eft l'Eglife faint Iulian [3].

---

1. Ce fait est inexact. Henri IV voulut qu'il portât le nom de Saint-Louis (non en l'honneur du dauphin, depuis Louis XIII) parce que ce saint mourut de la peste. Cette intention était clairement exprimée par une inscription placée au-dessus de la porte principale.

2. L'hôpital Saint-Louis a été bâti pour recevoir et traiter les malades pendant la peste qui ravagea Paris en 1606.

3. Saint-Julien-des-Ménétriers, au n° 186, au coin de la rue du Maure. — Les jongleurs ou joueurs d'instruments demeuraient

La Porte Barbette n'a laiſſé d'autre veſtige de ſoy que ſon (nom) en la meſme rüe.

Saint Médéric ou Merry eſt Égliſe Canonicale ou Paroiſſe, de laquelle beaucoup de grands perſonnages ſont derrière icelle.

Les Iuges Conſuls furent créez par Charles IX, pour juger les différens meus entre Marchands.

Saint Iacques la Boucherie eſt Egliſe Paroiſſiale de très antique fondation : une épitaphe qui eſt ſur une lame de cuivre derrière le chœur le montre. Le Patron de cette Égliſe eſt ſaint Iacques le Majeur.

Sainte Croix de la Bretonnerie eſt un Prieuré fondé par ſaint Loüis. Les Religieux de dedans ſont croiſez [1], de l'Ordre de ſaint Auguſtin.

dans la rue des Ménétriers, où on allait louer ceux qu'on voulait employer dans les noces et les fêtes : cette rue a été absorbée par la rue de Rambuteau.

1. Les Chanoines réguliers de Sainte-Croix-de-la-Bretonnerie étaient encore appelés : *Frères de Sainte-Croix, Croisiers, Porte-Croix, Cruciferi, Crucigeri, Cruce signati.*

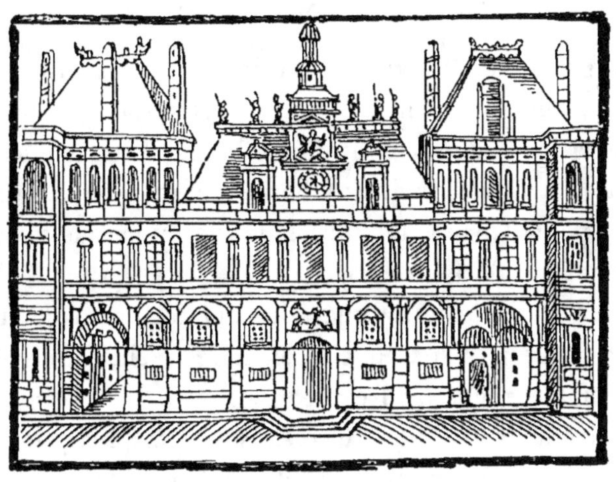

DE L'HOSTEL DE VILLE.

L'HOSTEL *de Ville, qui eſt d'vne meſme architec- ture que le principal baſtiment du Louure, fut refait par Henri IV avec ſa grande Salle, ſes Pavillons, ſes Colomnes et la Tour de l'Horloge. On voit ſur l'vne de ſes portes l'effigie de ce prince à cheval. La Ville de Paris porte pour Armes : de Gueulles, à vne Nef d'argent, au chef d'aʒur, ſemé de fleurs de lys d'or.*

Les Blancs manteaux ſont religieux à préſent de l'Or- dre ſaint Benoiſt, bien qu'auparavant ils ayent eſté de celuy de ſaint Auguſtin. Autrefois y ont eſté les Guillemins, Hermites inſtitués par le comte Guillaume.

L'Églife des Billettes eſt baſtie où devoit autrefois eſtre la maiſon d'vn Iuif qui fut brûlé tout vif pour le facrilège commis fur la fainte hoſtie. Les Religieux font dits Hermites de la Charité noſtre Dame. Saint Bon, petite Chappelle ſituée en la rüe du meſme nom : elle dépend de faint Éloy.

La Chappelle de Braque a le nom de fon fondateur & le donne à la rue où elle eſt ſituée : elle fut érigée pendant le règne du Roy Iean.

L'Hoſtel de Guife, autresfois nommé l'*Hoſtel de Miſéricorde*[1], a appartenu à Olivier de Cliſſon, conneſtable de France fous Charles VI, & maintenant à la maiſon de Lorraine.

L'Hoſtel de Montmorency n'en eſt guères diſtant.

Sainte Avoye eſt une Chappelle fondée par un curé de faint Médéric, nommé meſſire Iean Herfant[2], les

---

1. Cet hôtel doit ſes premières conſtructions à Olivier de Clisson, connétable de France. C'était auparavant une vaſte maiſon nommée le Grand Chantier du Temple, dont les Pariſiens firent préſent à ce ſeigneur. Cette maiſon avait donné ſon nom à la rue. Charles VI y fit aſſembler les principaux bourgeois de Paris en 1392 et leur fit publiquement remiſe de la peine qu'ils avaient encourue pour avoir pris part à une émeute populaire. Cet hôtel reçut à cette occaſion le nom d'hôtel des grâces ou de miſéricorde. Au-deſſus de la porte de la rue du Chaume on voit ſculptée la lettre gothique M en ſouvenir de cet événement, accompagnant les armes de Clisson.

2. Le ſamedi avant Noël 1288, Jean Séquence (ou Séquent et Suivant), chefcier de Saint-Merry, acheta une maiſon rue du Temple, pour y inſtaller *des Béguines*, filles ou femmes dévotes qui, ſans prononcer de vœux, vivaient en commun, les *pauvres veuves de la rue du Temple*, les *pauvres femmes veuves en deçà de la porte du Temple*, comme on les appelait encore au xvıᵉ ſiècle. On voyait une inſcription ſcellée dans le mur de leur maiſon, con-

Religieuſes qui y ſont, reconnaiſſent les curez de ſaint Médéric pour leurs ſupérieurs.

Enfants Rouges, c'eſt un Hoſpital[1] que fonda la charité de la Reyne de Navarre l'an 1538, pour y héberger & eſlever les pauvres enfans orphelins : elle le renta pour leur ſubvenir.

Le Temple où domicilièrent aucuns de nos Roys autrefois appartenoit aux Chevaliers nommés Templiers, à cauſe du Temple de Hieruſalem, & d'iceluy deſchaſſez pour les crimes dont ils furent atteints & convaincus. Depuis il fut donné aux Chevaliers de ſaint Iean de Hieruſalem, ſurnommez premièrement de Rhodes, puis après de Malte. Sa conſtruction reſſemble à celle de Hieruſalem.

La groſſe Tour du Temple fut parachevée l'an 1306, où devoient eſtre des mareſts ; on a fait pluſieurs belles rües garnies de belles maiſons bien habitées & peuplées.

La Porte du Temple a eſté rebaſtie[2] depuis les derniers troubles. Auprès d'icelle, au bout de la rüe du

tenant un legs fait par Mᵉ Iean Hersant, *jadis fondateur de la chapelle de l'hôtel Sainte-Avoie,* chefcier de Saint-Merry.

1. L'auteur écrit tantôt hospital, tantôt hôpital.

2. On lit dans les *Antiquitez* d'André Du Chesne (1609, p. 137) : « Les malheurs du siècle ont tenu cette porte fermée plus de quarante ans, et tant qu'enfin, en l'an 1605, elle a été *rebastie* par le soin et diligence de M. François Miron. » Du Breul avance qu'elle fut rouverte en 1606, après avoir été fermée pendant cinquante-huit ans, et que, cette année, « elle a esté *rebastie,* avec le pont contenant trois arcades de pierre de taille. » Il cite en témoignage une inscription, sur tablette de marbre, appliquée au-dessus de la porte. Matthieu Mérian, dans le texte daté de 1615, annexé à son plan, dit : « La porte du Temple a esté *rebastie* depuis les derniers troubles. »

Vert Bois, on a bafty un convent de Religieufes de fainte Élifabeth.

Saint Antoine des Champs, Abbaye de Religieufes de l'Ordre de Cifteaux, Foulques de Neuilly eft fondateur d'icelle.

La Porte faint Antoine ne doit rien aux autres pour fa ftructure. Henry III n'eftant que Roy de Pologne, fit fon entrée par icelle ; affez près de là eft l'Hoftel de Mayenne[4], bafty au lieu où devoit eftre celuy de Coffé.

Céleftins, cet Ordre a efté inftitué par le Pape Céleftin, fous le règne de Philippes le Bel. Charles V leur fit de grands biens. En cette Eglife eft la Chappelle des ducs d'Orléans, très magnifique. Plufieurs grands princes & feigneurs y furent inhumez. Le Convent des Carmes y a efté autres fois, dedans eft le cœur de Henry II.

Saint Paul eft une Paroiffe des plus peuplées de la Ville ; c'eftoit autresfois une Chappelle que fit baftir faint Éloi hors la ville, du règne de Dagobert.

Les Tournelles dont nous avons parlé cy-deffus, furent édifiées du temps de Charles V et démolies fous Charles IX.

L'Ave Maria, c'eft le Monaftère des Religieufes

---

1. Cet hôtel fut bâti par Du Cerceau pour Charles de Lorraine, duc de Mayenne, lieutenant général du royaume pour la Ligue. Charles-Henri de Lorraine, prince de Vaudemont, lui donna son nom et y fit faire de grandes réparations en 1709 par Germain Boffrand. Depuis il prit le nom d'hôtel d'Ormesson. L'externat des Frères, succursale du pensionnat de Passy, y a succédé à l'institution Favart.

de l'Obſervance de ſaint François, elles ne ſortent jamais & ne voient leurs plus proches parents qu'au travers d'un treillis.

Le petit ſaint Antoine doit ſa fondation[1] à Hugues de Chaſteau neuf[2] & non à ſaint Éloy[3]. Le Prieur[4] de dedans eſt commendataire[5] ſur les perſonnes offenſées du feu ſacré nommé auſſi feu ſaint Antoine[6] : en cette Egliſe[7] ont eſté faits de beaux miracles.

1. Charles, fils aîné du roi Jean, dauphin de France, acheta en 1361, un grand manoir contenant 529 toises carrées appelé *la Saussaie*, situé entre les rues Saint-Antoine et du Roi-de-Sicile pour y établir des religieux de Saint-Antoine : le chapitre général de l'ordre érigea depuis cette maison en commanderie.

2. Hugues de Château-neuf-l'Eglise en 1375.

3. Saint Éloy n'est pas intervenu dans cette fondation, qui lui est postérieure de plusieurs siècles.

4. D'abord communauté séculière à son origine (1095), l'Ordre devint régulier par la suite, 1218. L'Abbé, chef de l'Ordre, prenait le titre de Général, les membres celui de Chanoines ou frères de Saint-Antoine : les maisons étaient désignées sous le nom de Commanderies.

5. L'auteur a confondu commandeur avec commendataire. En matière bénéficiale, la commende est une manière d'attribuer le revenu d'un bénéfice à celui qui n'en est point titulaire. Dans l'origine, c'était la garde ou l'administration d'une église, en attendant qu'il y eût un titulaire ; c'est ce que porte le mot latin *commandare, commande*.

6. *Le feu sacré*, ou *feu Saint-Antoine*, était encore appelé *feu infernal*, *mal des Ardents*, et *mal Saint-Antoine*. C'était une maladie épidémique contre laquelle la science des médecins du moyen âge restait sans effet. Les médecins modernes croient y reconnaître l'*ergotisme gangréneux*.

7. Les historiens de Paris ont peu parlé de cette petite église. Voici ce qu'en dit un chroniqueur du xve siècle : « A Saint-Anthoine est ung ostel de bois entaillié excellemment. » Les éditeurs de Guillebert de Metz ont lu : M. Bonnardot *oval ;* M. Leroux de Lincy, d'abord *ostel* (*Description de Paris au xve siècle*), puis *oxel*, que l'on a cherché à expliquer par *ocellus*, goupillon ou

Sainte Catherine du Val des Efcoliers a pour fondateur faint Loüis, & dans ce Prieuré font des Religieux veftus de blanc, qui font de l'Ordre de faint Auguftin, fous mefme obfervance que les Moynes de
faint Victor. Icy font plufieurs fépultures[1], & entre
autres celles du Chancelier de Birague & fa femme.

La Fontaine de Birague porte le nom du Cardinal
qui la fit achever[2], elle eft devant les Iéfuiftes[3].

---

urseolus, burette, Il faut lire *doxal*, *tribune où l'on chante à
l'orgue la doxologie.* Du Cange, au mot *doxal*, traduit par :
tribune de l'église que l'on nomme *doxale* dans quelques pays de
la Flandre; en français le *jubé.* Le doxal du petit Saint-Antoine
était une œuvre de menuiserie remarquable, que Guillebert de Metz,
familier du duc Jean-sans-Peur, était allé voir parce que cette commanderie était unie à celle de Bailleul en Flandre, qui faisait
partie des États du duc de Bourgogne.

1. Les personnes les plus distinguées qui ont été inhumées dans
cette église sont : Pierre d'Orgemont, chancelier de France et
plusieurs membres de sa famille; Jacques de Ligneris, président
au Parlement de Paris; Antoine Sauguin, cardinal; René de Birague, chancelier de France, puis cardinal; Valence Balbienne,
femme du chancelier.

2. En 1579, René de Birague, cardinal de l'Église romaine et
chancelier de France, la fit achever. Le roi Henri III lui avait
accordé, à cette condition, la permission de faire conduire dans
son hôtel l'eau du palais des Tournelles; elle a été rebâtie en
1627 sous la prévôté de Nicolas de Bailleul, lieutenant civil
(dont il sera parlé plus bas, voir la note 1, p. 26); enfin rebâtie
en 1707 en forme de tour à pans, elle reçut l'eau de la pompe
Notre-Dame reconstruite cette même année.

3. Le roi Louis XIII, pour rendre l'entrée de l'église de la maison
professe des Jésuites plus libre et plus spacieuse, donna en 1629 la
place qui est vis-à-vis; on la nommait auparavant le *Cimetière des
Anglais :* ce nom se rapporte sans doute à quelque fait oublié
de la domination anglaise; la fontaine de Birague ornait cette
place qui contenait encore une croix, une barrière des sergents et
un marché au poisson.

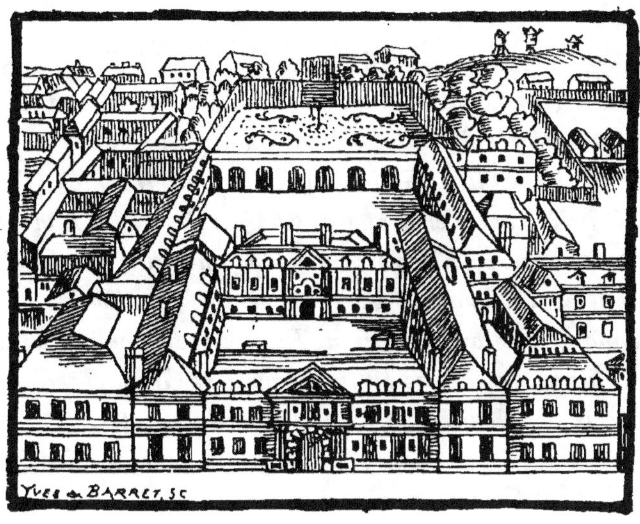

LE PALAIS ROYAL.

E *Palais Cardinal eſt en approchant & le plus beau après le palais d'Orléans, eſtant conſtruit devant vne belle place & avenues, orné de belles & grandes ſalles, chambres, beaux jardins, fontaines & allées divertiſſantes, comme auſſi d'vne gallerie enrichie d'excellents tableaux des hommes illuſtres françois[1]. Son commencement eſt de l'Abbé Suger, Simon de Montfort, Gaucher de Chaſtillon, Bertrand du Gueſclin, Olivier de Cliſſon, Iean le Meingre, ſurnommé*

---

1. Ces portraits, au nombre de vingt-cinq, avaient été peints par Philippe Champagne, Simon Voüet, Juste d'Egmontt et Poësson. Inutile de remarquer que les anciens portraits sont œuvre d'imagination.

Boucicaut, Iean baſtard d'Orléans, Ieanne d'Arc, ſurnommée la Pucelle, le Cardinal d'Amboiſe, Louis de la Trimouille, Gaſton de Foix, Pierre (du) Terrail ou le chevalier Bayard, Charles de Coſſé, Anne de Montmorency, François de Lorraine, duc de Guiſe, Charles, Cardinal de Lorraine, Blaiſe de Montluc, Armand de Gontaud de Biron, François de Bonne, duc de Leſdiguières, Henri IV, ſurnommé le Grand, la Reyne Marie de Médicis, Armand Iean du Pleſſis, duc de Richelieu, Louis XIII, ſurnommé le Iuſte, Anne d'Autriche, et Gaſton, fils de France.

L'Egliſe des Iéſuiſtes en la rue ſaint Antoine a eſté fondée par le Cardinal de Bourbon, oncle de Henry le Grand. L'Hoſtel de Charles de Savoiſi eſt à préſent l'Hoſtel de Lorraine[1]. Noſtre Dame d'Argent[2]. Le Cimetiére de ſaint Iean vient de la confiſcation de Pierre de Craon, eſt à préſent un Marché public : la Porte Baudoyer, autrement dit la Porte Baudets, eſtoit autresfois une des portes de la ville.

1. Rue Pavée, en face l'hôtel Lamoignon; celui de Charles de Savoisi, favori de Charles VI, était adossé aux murailles de la ville. Charles VI, n'ayant pu empêcher l'immeuble d'être rasé, racheta la galerie peinte qu'il renfermait.

2. L'auteur cite comme une particularité bien connue la statue dite *Notre-Dame-d'Argent,* que le roi François Ier plaça au *lieu même où était l'ancienne de pierre* mutilée la nuit du 31 mai au 1er juin 1528, *en la rue des Rosiers,* devant l'huis de derrière du petit Saint-Antoine. Volée en 1545, remplacée par une de bois, brisée par les hérétiques la nuit du 13 au 14 décembre 1551, on la remplaça par une de marbre.

L'Eglise de saint Gervais & saint Prothais est fondée dès l'an 578.

L'Hospital de saint Gervais est proche de cette Eglise, l'auteur de sa fondation est ignoré & non le temps qui fut l'an 1411[1].

Les Haudriettes, c'est un Monastère de femmes vefves que fonda Estienne Haudry, en la rue de la Mortellerie, sous le règne de saint Louis.

Le Quay depuis la Grève jusqu'à l'Arsenal a esté bien refait, depuis que le duc de Sully a esté grand Voyer de France, & depuis bien augmentée.

Saint Iean en Grève n'estoit autresfois qu'une Chappelle; maintenant est Paroissiale, bien peuplée, où le service divin est dévotement célébré. Depuis l'an 1212, elle relève de la paroisse saint Gervais. La division de ces deux paroisses fut faite par Messire Pierre-Louys[2], Evesque de Paris, pour la multitude du peuple qui ne pouvoit estre administrée par le seul curé de saint Gervais.

La Fontaine qui est devant la maison de ville a esté commencée le 28 juin 1614, où Louis XIII mit la première pierre monumentale; elle a esté achevée en l'an 1625, pour la commodité du public & de la

---

1. Double erreur : *Garin*, maçon, et son fils nommé *Harcher* fondèrent en 1171 l'hôpital Saint-Gervais en consacrant leur propre maison à donner l'hospitalité aux pauvres passants : *ad hospitandos Christi pauperes*.

2. Sauval ou plutôt ses éditeurs ont parlé d'un évêque de Paris nommé Pierre Louis qui n'a jamais existé. Pierre de Nemours, 42e évêque de Paris, sépara Saint-Jean de Saint-Gervais pour en former une nouvelle paroisse en 1212.

feconde prevofté de Meffire N. de Bailleul [1], lieutenant civil ; à cette confidération l'on a fait plufieurs
fontaines depuis ce temps en divers endroits de Paris,
& à cofté y a le Saint Esprit. C'eft un Hofpital
fondé & renté pour y loger & nourrir les pauvres
enfans qui n'ont ny père ny mère.

Le Pont noftre Dame avoit efté toujours de bois,
jufqu'en 1499, qu'il tomba dans l'eau, n'ayant pu
subfifter que quatre-vingt-douze années.

Vn Cordelier Vernois nommé Ioconde [2] donna le
deffein & inuention de le faire fur des pilotis de bois,
fur lefquels font fondées les arches de pierre de
taille dont ce pont eft compofé & qui foutiennent
foixante-huit maifons qui font deffus, trente-quatre
de chaque cofté.

Les Ports de la Ville fur la rivière font :

Le Port au Plâtre, le Port faint Paul.
Le Port au foin de Bourgogne & au vin.
Le Port de la Grève & de la Gabelle.
Port de l'Ecole, & du Guichet du Louvre.
Port de faint Landry [en la] Cité.
Port de faint Louys, en l'Ifle de noftre Dame.

1. Il a été parlé de cet édile dans la préface et à l'article Birague. (Voir la note 2, p. 22.)

2. Giocundo (fra Giovanni), en latin *Jocondus,* dominicain, né
à Vérone, vers 1435, mort vers 1520, se diftingua comme architecte.
Appelé en France par Louis XII, il bâtit le pont Notre-Dame, la
Cour des comptes, etc., à Paris. Vernois est pour Véronais, natif
de Vérone.

Ports de l'Vniverſité.

De la Tournelle, du Pavé.
Malaqueſt, faux-bourg ſaint Germain.
Eſtape au vin [1] à la Tournelle.

Remarque.

Thevet dit que de ſon temps on a veu ſortir de Paris quelquefois pour faire Montre générale, cens mille hommes armeʒ & bien équipeʒ, & néantmoins dans la Ville on eût dit qu'il n'en eſtoit pas ſorty vne douʒaine, tant elle eſtoit encore pleine. On raconte que Charles VI, retournant de Chartres à Paris, les habitans vinrent au devant de luy, iuſqu'au nombre de deux cens mille : mais tout cela n'eſt encore rien & tout ce qu'on en a dit, au prix du monde qui s'eſt veu dans les trois entrées magnifiques & toutes royales qui ſont l'entrée de la Reyne de Suède à Paris, celle de nôtre Reyne d'apréſent [2] & l'entrée du Cardinal Chigi, Légat en France. A la ſeule entrée de la Reyne de Suède dans Paris, on y vit bien trois millions de perſonnes [3]. Les deux autres entrées n'ont guères eſté moins nombreuſes.

1. Étape ou marché, entrepôt des vins. Ce mot désignait le marché lui-même ; les villes où se trouvaient les subsistances militaires et où se ravitaillaient les troupes en marche ; aujourd'hui il ne marque plus que la distance que doivent parcourir par jour les militaires isolés ou réunis en corps qui voyagent.

2. Marie-Thérèse d'Autriche, fille de Philippe IV, roi d'Espagne, épousa Louis XIV en 1660 et mourut en 1683.

3. Exagération flagrante, et qui ne s'appuie sur aucun fait comme base de calcul.

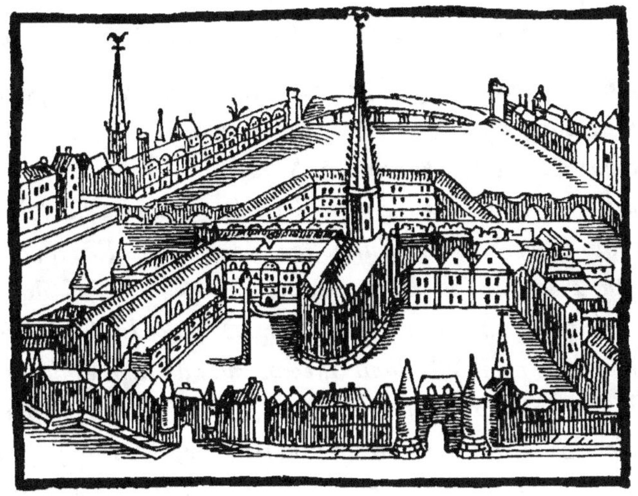

DV PALAIS ET DE LA SAINTE CHAPELLE.

E palais eſt compris dedans l'enclos de la Cité :
ce baſtiment royal a eſté preſque touſiours le
domicile de nos Roys, et principalement lorſque
la France eſtoit régie par le Roy ſaint Loüis [1] *;*
il accrut le logement, la chambre qui porte encore
ſon nom le témoigne. Philippes le Bel fit travailler à
ſon agrandiſſement pour y établir ſon lict de Iuſtice,
ou Parlement, qui auparavant eſtoit ambulatoire [2] *& va-*
guant avec luy partout où il alloit. Il l'arreſta donc

1. Quand ils n'habitaient pas le Louvre.

2. Le Parlement, comme les Archives, suivait le Roi, souvent forcé de voyager. Philippe le Bel rendit le Parlement fixe
en lui donnant un asile dans son palais de la Cité et y plaça également les Archives.

là, & lui donna la fouveraineté de donner arrefts pour toutes chofes, tant civilles que criminelles, qui viendroient à la cognoiffance des Sénateurs (sic)[1], dont il inftitua ce Parlement compofé de la grande Chambre, de cinq Chambres des Enqueftes, de deux des Requeftes, de la Tournelle & de la Chambre royale. C'eft dans la grande Chambre, qu'on nomme auffi la Chambre dorée pour avoir efté lambriffée de culs de lampes dorez, d'vn merveilleux artifice par Louis XII, Père du peuple, où le Roy tenant son lict de Iustice[2], eft affis dans fon trône, ayant fes Pairs eccléfiaftiques et féculiers à fes coftez. La Salle des Procureurs eft un des beaux vaiffeaux de France où les ftatues des Roys eftoient relevées en leur proportion naturelle, avant qu'elle fut brûlée par ce grand embrafement de l'an 1618[3], qui confuma pareillement la Table de marbre[4], l'une des plus belles pièces de l'Europe, où le Conneftable, les Marefchaux

---

1. Souvenir classique.

2. On appelait *lit de justice* la réunion du Parlement présidée par le roi entouré de ses pairs. Le premier, Charles V, tint, dit-on, le premier *lit de justice* en 1369, pour juger le prince de Galles, duc de Guienne, accusé de félonie.

3. La grande salle fut presque entièrement détruite, la nuit du 5 au 6 mars 1618, par un incendie qui se communiqua aux bâtiments voisins. Elle fut rebâtie par l'architecte Salomon de Brosse et achevée en 1604.

4. Dans la grande salle du Palais se trouvait la célèbre Table de marbre qui remplissait tout entière l'une des extrémités de la salle, où la Basoche représentait, aux *jours des grands esbattements et joyeusetés*, ses farces, ses moralités, ses soties. C'est sur cette table que se faisaient avec pompe, en présence du peuple, les noces des enfants de France. La table de marbre servait encore de tribunal, quand les maréchaux y rendaient leurs arrêts; de

de France & l'Amiral avoient leurs jurisdictions, comme ils l'ont encore, & où les Roys venoient faire le festin de leurs nopces & de leur première entrée dans la Ville de Paris. La Chambre des comptes est dans l'enceinte du Palais, devant la sainte Chapelle. La Cour des Aydes est à costé.

La sainte Chappelle[1] du Palais est, selon le jugement des Architectes, le bastiment le plus hardy de toute la France ; elle a une Chappelle dessous & une autre dessus. Cet admirable édifice n'est porté & soutenu que par de petites colomnes qui l'environnent & l'entourent, qui sont si hautes, droites, menües & deliées, que c'est une merveille comme elles peuvent porter la charge qui leur est donnée : néantmoins depuis leur construction il n'en est arrivé aucune faute : les arcs de la voûte par dedans sont dorez & toute la ceinture de l'Eglise, au dessous de laquelle sont diverses excellentes peintures d'émail & de cryftal, portées & soutenues par de petites colomnes toutes d'une pièce, qui ne servent que de décoration & d'embellissement. A la porte d'en bas il y a une image

réfectoire, quand les empereurs, rois, reines et princes du sang y siégeaient dans des festins publics ; de pilori, quand on y exposait quelque illustre coupable aux yeux de la foule circulant alentour.

1. Les chapelles de fondation royale pour le service des palais royaux étaient dites Saintes Chapelles ; ainsi celles du palais de la Cité et de Vincennes : les princes du sang jouissaient de la même prérogative ; le duc de Berry avait fait construire une Sainte Chapelle à Bourges,

de noſtre Dame de grande vénération, & à la porte
d'en haut l'image de Iéſus Chriſt taillée avec une très
artiſte induſtrie. Comme ſaint Louys l'avoit fait
conſtruire, auſſi la vouloit-il décorer & enrichir des
plus précieuſes reliques qu'il pût recouvrer : à ſçavoir,
la ſacrée Couronne d'épines de noſtre Seigneur, & une
grande portion de la très ſainte Croix : les drap-
peaux dont il fut enveloppé dans ſon enfance, du
ſang qui miraculeuſement ſortit d'une ſienne image
frappée d'un infidelle [1], la chaiſne & le lien de fer en
manière d'un anneau dont il fut attaché, le roſeau
que luy mirent les bourreaux en la main pour ſceptre,
l'éponge qu'ils luy baillèrent pour boire le vinaigre.
Les Chanoines de la ſainte Chappelle ont ſemblables
prérogatives que ceux de noſtre Dame, ils ne dépen-
dent que du ſaint Siège, le Roy confère les bénéfices
à qui il luy plaiſt. On tient qu'auparavant que ſaint
Louys fonda la ſainte Chappelle, il y avoit en ce lieu
l'Oratoire de noſtre Dame de l'Eſtoille, fondée par
Charles le Gros l'an 1154.

La Chappelle ſaint Michel eſt encore en la Cour
du Palais, c'eſtoit autresfois la Chappelle ſaint Nicolas.

La Cour ſaint Eloy où eſt une Chappelle du nom,
eſt devant la grande porte du Palais & en la place où
eſtoit cy devant la pyramide [2], avec les entablements

1. Fait peu connu, qui n'est pas mentionné par les historiens
de Paris.

2. Dans la petite place qui était devant les Barnabites on avait
élevé en 1594 une petite pyramide en souvenir de l'attentat de
Jean Châtel. Elle fut enlevée en 1605.

de marbre, contenant les caufes pourquoy elle y avoit
efté mife. Meffire François Miron, eftant Prévoft des
Marchands, y fit venir une fontaine.

Saint Barthélemy, maintenant Eglife Paroiffiale,
eftoit anciennement Chappelle royale du Palais, les
corps des faints Magloire, Sanfon & Maclou y repofent.

Le Pont faint Michel, bien qu'il fût de pierre, périt
en 1299, ayant efté rebafty feulement de bois, il fit
un grand naufrage en l'an 1547 : on le réédifia, mais
il retomba l'an 1616, on l'a bafty tout de pierre, il
fut achevé l'an 1624. Ce pont a des maifons artifte-
ment plantées d'un cofté et d'autre, en mefme
nombre & toutes égales.

Saint Pierre des Affis eftoit autresfois Chappelle, & à
préfent Eglife Paroiffiale dépendante de faint Eloy.
Saint Martial & fainte Croix font des Eglifes Paroif-
fiales contenües en l'Enclos de faint Eloy, & fa dé-
pendance.

Saint Germain le Vieil eft à préfent Eglife Paroiffiale, & autresfois une Chappelle dédiée à faint Iean-
Baptifte : faint Germain ayant efté commandé de
Clotaire II de quitter fon Abbaye de faint Symphorian
d'Autun, vint s'habituer en une maifon qui en eftoit
proche [1]. Après fa mort il y fut inhumé [2].

1. Légende qui ne repose sur aucun fait contemporain.
2. Saint Germain, évêque de Paris, fut inhumé dans la chapelle
de Saint-Symphorien, dans l'enceinte de l'abbaye Saint-Vincent ;
plus tard, il fut inhumé dans la basilique qui prit son nom et qui
est devenue Saint-Germain-des-Prés.

Gagnons le Marché Palus.

Le Marché Palus a esté ainsi nommé, à cause des palus[1] & eaux croupissantes où il a esté construit.

1. Palus ou marais, à cause du voisinage de la Seine, ce lieu était fréquemment envahi par les eaux du fleuve.

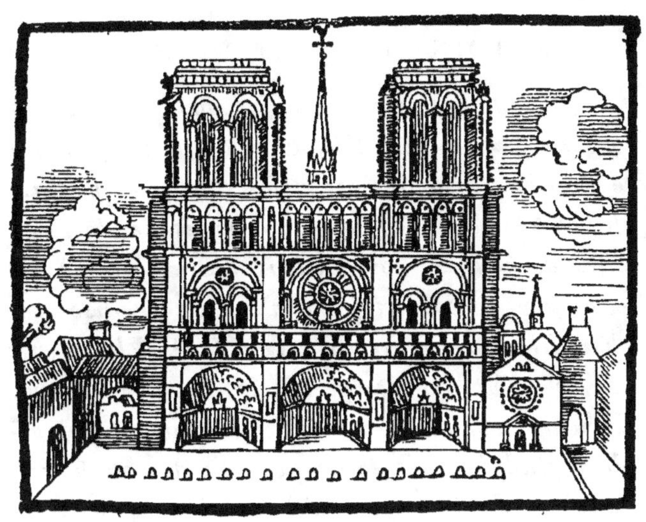

L'ÉGLISE DE NOSTRE DAME.

NOSTRE DAME, *ce glorieux temple eſt l'vnique merveille de la France, ſoit pour ſa grandeur, ſa forme & ſtructure, l'édifice eſt fondé ſur pilotis au bout de la Cité ſur la rive de la Seine, creux par deſſous en pluſieurs lieux.*

Il y a dedans cet œuvre ſix vingts pilliers ou colomnes qui ſouſtiennent ce grand vaiſſeau : ces colomnes ſont deux allées de chaque coſté. La nef & le chœur ſont au milieu du temple en telle largeur que ſont aux coſtez les deux allées & rangs de ſix vingts colomnes, la longueur de la nef eſt de cent pas ou enjambées : depuis la nef iuſques au chef de l'Egliſe il y a 74 pas,

ce qui fait de longueur en toute l'eſtendüe 174 pas, la
nef compriſe : celle des allées & coſteȝ de 60 pas. La
totale réduction de toutes ces meſures monſtre que cette
Egliſe a 66 toiſes de long, 24 toiſes de largeur,
17 toiſes de haut, le tout dedans l'œuvre. Il y a des
galleries tout autour, & à l'entour de l'Egliſe ſont
45 chappelles toutes treilliſſées de fer [1]. Elle a vnȝe
portes, au-deſſus des ſix portes de devant ſont deux
hautes tours quarrées de merveilleuſe hauteur, qui reſ-
ſemblent pluſtot à des fortereſſes qu'à des clochers [2].
Les cloches ſont ſi groſſes, qu'il faut dix-huit ou vingt
hommes pour ébranſler la plus matérielle qui s'appelle
Marie. Elle a eſté baſtie à pluſieurs fois. Sous Charlemagne, Hercandus, quatorȝième Eveſque de Paris,
commença à la faire conſtruire. Du règne de Philippes Auguſte, Maurice de Soliac [3], ſoixante dixième
Eveſque de Paris, fit continuer le baſtiment. Iean
Ravy, Maſſon & Sculpteur, y travailla vingt ſix ans,
& Iean Bouteiller, ſon nepveu, acheva les ſtatues
& baſſes tailles qui y ſont, l'an 1352. On y remarque infinies ſingulariteȝ. Au tréſor d'icelle Egliſe
ſont ces précieuſes reliques, à ſçavoir de la vraie
Croix, la Chaſſe de noſtre Dame, la Chaſſe de
ſaint Marcel, le chef de ſaint Philippe & autres. En

---

1. Les chapelles de Notre-Dame étaient toutes fermées par des
grilles en fer ouvragé.

2. On ne s'explique pas cette obſervation, qui ne peut être fondée que ſur la forme carrée des tours, qui n'ont pas reçu leur
couronnement obligé des flèches.

3. Maurice de Sully, en latin Soliacus.

icelle eſt un grand nombre de gens d'Egliſe qui officient fort révèremment & le divin ſervice y eſt célébré bien ſolemnellement. On y compte quarante deux Chanoines, avec huitʒ digniteʒ, outre ſix grands vicaires, dix Chanoines de ſaint Denis du Pas, ſix autres & deux cureʒ de ſaint Jean le Rond, deux Chanoines & deux vicaires de ſaint Aignan, douʒe enfants de chœur, les Clercs de matines, & cent quarante Chapelains fondeʒ pour le ſervice de ces quarante cinq Chappelles. Un Eveſque préſide ſur cette vénérable compagnie, lequel fut honoré du titre d'Archeveſque l'an 1622 par le pape Grégoire XV à la requeſte du roi Louis XIII. On y remarque le Crucifix qui eſt deſſus de la grande porte du chœur, avec la croix & le pied du Crucifix, fait en arcade, & l'image de la Vierge Marie au bas comme chefs d'œuvre de ſculpture & faits d'une ſeule pièce [1].

La Magdeleine, Egliſe Paroiſſiale, eſt ainſi nommée à cauſe des reliques de la ſainte Magdeleine qui y furent données par Louis de Beaumont, Eveſque de Paris.

Saint Denis de la Chartre eſt Paroiſſe & Prieuré, c'eſtoit anciennement la chartre & priſon de la Ville, où ſaint Denys fut empriſonné.

Saint Landry a retenu le nom de ſaint Landry,

---

1. Dans ce passage se trouvent des détails trop succincts sur l'arc triomphal ou entrée du chœur de Notre-Dame, qui surmontait le jubé, détruit si malencontreusement par un architecte patenté avec approbation et encouragement des chanoines iconoclastes du xviiie siècle, chargés de la conservation du monument.

Evefque de Paris, qui faifoit en ce lieu fon oratoire.

Le Port faint Landry, autresfois les batteaux y abordoient comme ils font à la Grève.

L'Ifle de noftre Dame qui eft maintenant bien peuplée, l'on y a bafti de fort belles maifons.

L'Eglife de faint Louys & de noftre Dame baftie depuis cinquante ans eft la Paroiffe de ladite Ifle.

Le Pont aux Doubles eft ainfi appelé, parce que tous ceux qui y paffent donnent un double pour la bâtiffe du pont de pierre, il a efté commencé l'an 1620 par Pelletier, Marie & le Regrattier, maintenant continué par Charlot & de Coulanges, il y a un pont de bois en attendant que celuy que l'on fait foit achevé.

Saint Pierre aux Bœufs, autresfois Chappelle, eft à préfent Eglife Paroiffiale.

Cloiftre noftre Dame. Là demeurent les Chanoines & officiers de la grande Eglife.

L'Hoftel-Dieu où on reçoit indifféremment toutes fortes de pauvres malades, de quelques playes qu'ils foient, fut réédifié par faint Louys l'an 1258. Le Cardinal du Prat l'accrut de beaucoup en l'an 1515.

Le Marché Neuf fut érigé pour la commodité publique l'an 1557.

Petit Pont, autrement dit le Chaftellet, n'a toujours efté de pierre comme il eft maintenant : on tient que Hugues Aubriot, Prévoft de Paris, le fit édifier pour l'oppofer aux ravages que les Ecoliers faifoient, & fous leur prétexte plufieurs garnements couroient dedans la Cité.

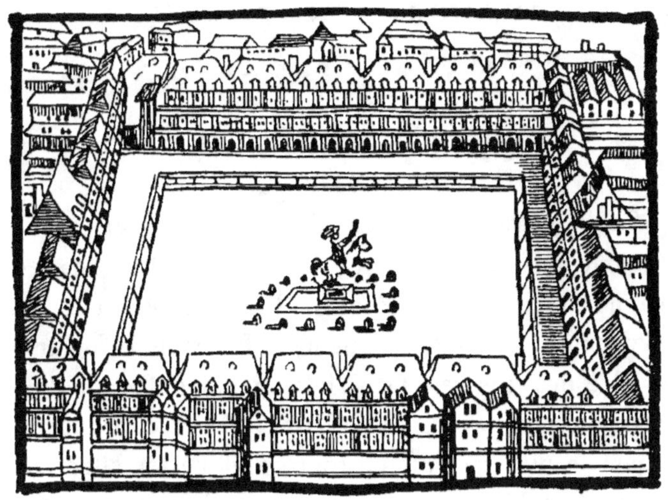

LA PLACE ROYALE.

A *Place Royale*, on peut dire autant de palais
& d'hoſtels que de maiſons, toutes d'une
ſemblable ſtructure, avec les arcades & allées
ouvertes qui l'environnent comme vn cloiſtre. Au
milieu de cette grande place, eſt dreſſée une très belle
ſtatüe, jettée en bronʒe, du Roy Loüis XIII en poſture
& en habit de vainqueur.

DE L'VNIVERSITÉ.

Cette partie eſtoit néceſſaire aux deux autres qui eſtoient ſans elle comme un corps ſans teſte. Charlemagne vit ſon commencement, Philippes Auguſte ſon augmentation & accroiſſement, & François Ier nommé le Père des Lettres, ſa perfection qui s'eſt amplifiée ſous le règne de ſes ſucceſſeurs, juſqu'à eſtre maintenant la plus fameuſe de tout ce globe terreſtre. La ſainte Théologie y eſt ſincèrement leuë & interprétée. Le Droit Canon enſeigné authentiquement, la Médecine montrée, obſervée & pratiquée par bons préceptes, les Arts & Lettres humaines bien intelligiblement & doctement manifeſtées à ceux qui déſirent goûter des ſciences, & avoir quelque degré de l'une de ces quatre facultez. Le Recteur qu'on eſlit de trois mois en trois mois en eſt le chef.

Saint Blaiſe, petite Chappelle qui eſt en la ruë Galande. Ecoles de Picardie : ce lieu eſt la ruë du Feurre deſtiné pour les actes & réceptions du bonnet des Maiſtres ès Arts qui ſont diſtingués en quatre nations : France, Picardie, Normandie, Allemagne.

Écoles de Médecine, là ſe font des leçons publiques par les Profeſſeurs du Roy en cette faculté & les diſſenſions (*sic*) anatomiques pour l'inſtruction des chirurgiens : elles ſont en la ruë de la Bucherie. La petite Marche où eſtoit autresfois l'Hoſtel d'Amboiſe.

Saint Michel, Collège en la ruë de Bièvre, fondé par Guillaume de Sénach, de la maison de Pompadour, quatre-vingt-quatrième Evefque de Paris.

Bernardins ainfi nommez à caufe de faint Bernard qui inftitua cet ordre : cette maifon eft Collégiale, où font Religieux qui vivent felon les règles dudit faint Bernard, l'édifice de dedans commença à eftre bafty l'an 1336.

Saint Nicolas du Chardonnet, Paroiffe en la ruë des Bernardins, fut édifiée en l'an 1241.

Le Collège d'Arras, affez près de la Porte faint Victor, fut inftitué par un Prieur (de) faint Vaft[1].

Cardinal le Moyne ; ce Collège retint le nom de fon fondateur, Iean le Moyne, Evefque de Poictiers & Cardinal qui le fift baftir, Philippe le Bel régnant, luy & fon frère gifent dedans ; le Collège des Bons Enfans eft joignant.

La Porte faint Victor fut rebaftie l'an 1568. En defcendant vers l'eau eft la Porte de la Tournelle, autrement dite de faint Bernard, elle fut édifiée pendant la Prévofté de M. François Myron, l'an 1605. Saint Victor, Abbaye affife au faux-bourg nommé du nom de ce faint, dedans eft une excellente librairie[2], riche en rares manufcrits.

1. Le collège d'Arras fut fondé au commencement du xive siècle par Nicolas le Caudrelier (ou le Cauderlier et le Caudelier), abbé de Saint-Vaast d'Arras.

2. Le mot *Librairie* était encore alors synonyme de Bibliothèque.

Cordelières faint Marcel : c'eft un Monaftère de Religieufes qui tiennent mefme règle que celles de Long-
Champ, dites de l'Humilité noftre Dame. La vefve de
faint Loüis les a bien rentées à caufe d'une fienne fille
qui s'y rendit religieufe.

Saint Marcel. Charlemagne fit édifier cette Eglife
en commémoration de ce bon Evefque, qui cy-devant
repofoit dans la Cave qui eftoit fous la Chappelle faint
Clément, mais pendant la perfécution des Anglois, fon
corps fut mis dans une riche châffe & porté à noftre
Dame de Paris : cette Eglife eft Canoniale.

Saint Médard eft l'Eglife Paroiffiale de ce faux-bourg
faint Marcel.

Les Vrsulaires[1], Religieufes de l'Ordre de fainte
Vrsulle, ont efté eftablies dedans le faux-bourg faint
Iacques.

Noftre Dame des Champs. Saint Denys la fit eftre
de temple des idoles, le temple de Dieu. Mme de
Longueville y a eftably un Monaftère de Carmelines[2],
qui vivent auftèrement, par permiffion donnée par
Henri IV, l'an 1602.

Saint Iacques du Haut pas, Hofpital au mefme
faux-bourg, de la fondation de Philippe le Bel. Les
Religieux de faint Magloire y ont efté transférés. Il y
a en ce lieu de grandes indulgences.

(Les) Chartreux font où eftoit anciennement l'Hof-

1. L'auteur appelle les Ursulines des Ursulaires.
2. Les Carmelines sont les Carmélites.

tel de Vauvert, que leur donna faint Louys, leur fai-
fant de grands bienfaits, l'eftenduë de ce Monaftère
eft grande, il fut achevé l'an 1324, & dédié l'année
fuivante à la glorieufe vierge Marie & à faint Iean
Baptifte.

Retournons à l'Vniverfité par la Porte faint Marcel
ou Marceau.

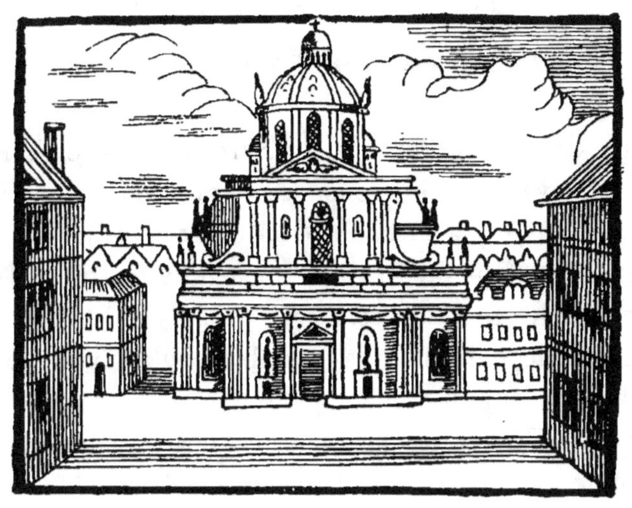

DE LA SORBONNE.

'VNIVERSITÉ *qui fait la troifième Ville
fe peut nommer une autre Nardéa*[1]*, c'eft-à-dire
le fleuve des fciences. C'eft là que les Mufes fe
font réfugiées, où elles occupent une montagne qui leur
eft incomparablement plus avantageufe que n'eftoit le
Parnaffe & l'Hélion* (sic)[2]*, & plus de foixante Collèges
dont le plus célèbre eft la Sorbonne qui fut fondée
& baftie par Robert de Sorbon, familier du Roy faint
Loüis qui a efté depuis rebaftie avec plus de magnifi-
cence par la libéralité du deffunt Cardinal de Richelieu,
où ce grand promoteur des droits de cette fameufe*

1. Nardea?
2. Hélicon.

Ecole & de la gloire de cet Eftat a choifi fa fépulture.

Le Collège de Boncourt ou Bercourd a fa fondation
d'un Chevalier de Theroüenne ; portant fon furnom. De
tout temps il y a eu bonne (*sic*) exercice ; Pierre Ga-
land, Profeffeur du Roy & Principal de ce Collège, l'a
fait rebaftir & rendu célèbre.

Le Collège dit Tournay, combien qu'il n'y ait point
d'exercice, lui eft contigu.

Sainte Geneviève, maintenant Abbaye, nommée du
nom de cette Vierge que le peuple de Paris tient maintenant pour fa patronne, eut fon commencement du
roy Clovis, qui la fonda en l'honneur de faint Pierre
& de faint Paul, Apôtres. Ce bon roy & fa femme y
font inhumez. En ce temps, il y avoit des Chanoines
féculiers, qui y furent jufques en l'an 1146[1], qui en
fortirent pour quelques fujets de mécontentement
qu'ils avoient donné à fa fainteté de Rome, pour lors
refféante dedans[2]. En leur place entrèrent douze Chanoines de faint Auguftin, évoquez de l'Abbaye faint
Victor, qui furent eftablis avec Eude qui en fut le
premier Abbé. Le tombeau de cette Vierge eft en la
Cave de cette églife, fa châffe eft au-deffus du maiftre
autel : on ne la defcend qu'au befoin pour avoir de

1. 1148.

2. Le pape Eugène III, réfugié en France, ayant voulu officier
dans l'églife de l'abbaye, les chanoines s'y opposèrent ; le Pape,
informé de la conduite très irrégulière de ces religieux, les remplaça par des chanoines de Saint-Victor.

la pluye ou du beau temps pour les biens de la terre,
& pour appaifer l'ire du Ciel avec dévotes obfervations
& pieufes folemnitez.

L'Abbé a haute & baffe juftice dedans l'enclos de
cette Abbaye, du cofté du faux-bourg, il y a une porte
murée qui fe débouche pour faire entrer les Papes,
quand ils viennent à Paris[1]. M. le Cardinal de la
Rochefoucaud, Abbé de cette Abbaye, a enrichy le
dedans de ladite églife de plufieurs autels ornez d'un
grand nombre de pilliers de marbre et de iafpe, ache-
vés l'an 1624.

Saint Eftienne du Mont. C'eft une des belles Paroif-
fes de Paris, où il y a telle abondance de paroiffiens,
qu'il l'a fallu accroiftre en l'édifiant de nouveau, fon
édifice eft magnifique tant dedans que dehors. On
tient fa fondation eftre dès le fiècle de faint Denis.

Montagu. Ce Collège a eu pour fes fondateurs & bien-
faiĉteurs, Gilles Affelin[2], Archevefque de Roüen, Iean
Standouc, Docteur en Théologie, et Louys de Gran-
ville. Le prieur des Chartreux a à voir fur les pau-

1. Cette porte, placée à peu près dans l'axe de la rue des Sept-
Voies prolongée, se nommait la porte Papale : elle fut détruite
vers 1680. Nous lisons dans Corrozet : « On dit qu'vn pape voulant faire entrée dans Paris au Ieudy, pour ce qu'il plut, elle fut
différée iusques au vendredy, auquel iour, pour la révérence de
l'entrée, on mangea chair, et fut nommé Ieudy, et la semaine
des deux Ieudis. »

2. Louis Aycelin de Montaigu de Listenois, consentit, en 1392
aux libéralités de plusieurs membres de sa famille, à condition
que le collège qu'ils avaient fondé et enrichi porterait le nom de
Montaigu.

vres écoliers appellez *Capètes*[1], qui eſtudient dedans.

Fortet. Iean Fortet fonda premièrement ce Collège en l'an 1391.

Rheims & Coquerel. En cette place où ſont ſitués ces deux Collèges, eſtoit autresfois l'Hoſtel de Bourgogne ; Guy de Roye, Archeveſque de Rheims, érigea celui qui porte le nom de ſon Archeveſché, pour les pauvres étudiants de ſon diocèſe.

Graſſins. Ce Collège porte le nom de ſon fondateur Pierre Graſſin, Conſeiller au Parlement de Paris. Thierry Graſſin a augmenté de beaucoup ſa première inſtitution.

Navarre. Ce Collège eſt nommé royal à cause que Ieanne, reyne de France & de Navarre, le fonda en l'an 1304. Ils ont en ce Collège ſaint Louys pour patron, l'exercice n'y manque jamais. Il y a une très belle bibliothèque. Infinis excellens théologiens & bons prédicateurs ſont ſortis de cette royale maiſon.

La Marche. Ce Collège ſe nomme auſſi de Vuinville[2], ayant eu pour fondateurs Guillaume de la Marche & Beuve de Vuinville.

Carmes prennent leur nom du mont Carmel, ils furent amenés en France par ſaint Louys de la Terre

---

1. La discipline de ce collège était très sévère, la nourriture en petite quantité et insuffisante ; l'habillement très grossier consistait en une cape de gros drap brun fermée par devant et un camail fermé par devant et derrière, ce qui fit appeler les boursiers de ce collège les *pauvres capètes de Montaigu.*

2. Beuve de Winville, exécuteur testamentaire de Guillaume de la Marche.

Sainte, qui les tira de la Paleſtine où ils eſtoient cachés dans les grottes du mont Carmel, pour les expoſer comme flambeaux à la veüe des peuples, ils s'inſtallèrent d'abord à Paris où ſont les Céleſtins, l'an 1252[1].

Preſles eſt un Collége où l'exercice ſe fait. Pierre Ramus, autrement dit de la Ramée, y fut tué à la journée ſaint Barthélemy 1572.

Collège de Beauvais ou des Dormans, en iceluy eſt une Chappelle que Charles V fonda à la mémoire de ſaint Iean l'Évangéliſte, l'an 1370.

Salle du Decret eſt en la meſme rüe, ainſi nommée, pour ce qu'on fait des leçons en Decret.

Les Lombards, Collège inſtitué l'an 1333 par révérend André Ghini, Florentin, Eveſque d'Arras, ſert de retraite aux pauvres écoliers de cette nation. Le Collége de la Mercy, ſans exercice, affecté aux religieux de l'Ordre de noſtre Dame de la Mercy.

---

1. Ils avaient été établis par saint Louis dans une pauvre maison sur le bord de l'eau, devers Charenton.

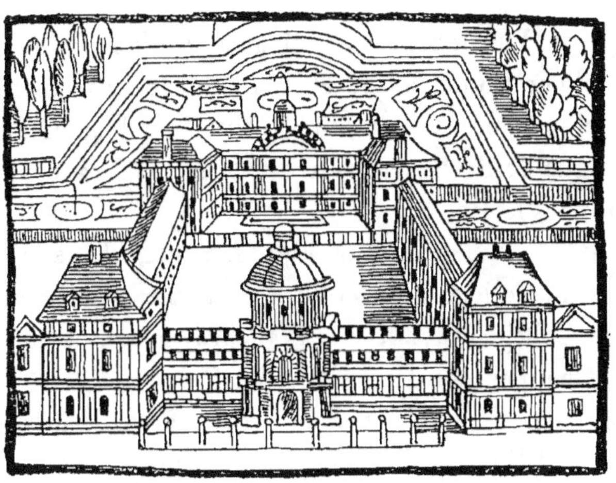

LE PALAIS D'ORLÉANS.

L E *Palais d'Orléans, de Luxembourg, de la Reyne Marie de Médicis,* où l'on voit un excellent jardin, des fontaines vives, des cours superbes, des chambres, des salles & des offices dignes d'une majesté de France, avec toutes les principales actions de la vie de cette héroïque princesse, dépeintes dans une grande gallerie, & plusieurs rares tableaux que les estrangers sont curieux de voir dans son cabinet lambrissé d'or & d'azur.

Saint Hylaire. Cette petite Eglise donne son nom au Mont sur lequel elle est située.

Le Collège du Mans est de la fondation de Philippes de Luxembourg, Cardinal & Evefque du Mans.

Collège fainte Barbe eft maintenant fans exercice.

Collège des Chollets, fut inftitué par Iean Cholet, Evefque de Beauvais & Cardinal légat en France, fous Philippes le Bel.

Saint Symphorian aux Vignes, petite Chapelle vis-à-vis du Collège des Chollets, où alloient les Ecoliers dudit Collège, ouyr la meffe auparavant qu'ils euffent une Chappelle en leur maifon.

Lifieux. Ce Collège a eu trois frères de la noble maifon d'Eftouteville pour fes fondateurs.

La Porte faint Iacques. Saint Étienne des Grecs, cette Eglife fut dédiée au premier des martyrs par faint Denys, natif de Grèce. C'eft la première qui fut baftie en l'Vniverfité pour les chreftiens, autresfois les Evefques de Paris y avoient leur demeure [1].

Jacobins. Convent des Religieux de l'Ordre de faint Dominique, faint Louys en fit conftruire une grande partie en l'an 1218. Derrière eft un Monaftère ou Collège des Religieux de l'Ordre de Clugny.

Jéfuiftes. Henri III de ce nom pofa la première pierre des fondemens de la Chappelle de ce Collège. Guillaume du Prat les a introduits premièrement à Paris.

Marmoutier, maifon Collégiale pour retirer les Religieux qui viennent eftudier à Paris.

Collège du Pleffis, fa fondation eft dès l'an 1322.

Collège de Cambray, autrement dit des Évefques,

1. Tradition qui ne repose sur aucun fait certain.

parce qu'il fut fondé par eux, à fçavoir par celuy de Langres, Hugues de Pomarc, par Hugues d'Arci, Evefque de Laon & par Guillaume d'Auxonne, Evefque de Cambray, du nom duquel on le nomme à préfent.

Le Collège de Triquet ou de Triguier[1], fut érigé par Guillaume Coatmahan, Chantre de l'Eglife cathédrale de Triguier, il eft maintenant nommé le Collège royal : le Roy Loüys XIII a mis la première pierre de cet édifice royal.

Saint Iean de Latran appartient aux Chevaliers [de] Malthe.

Saint Benoift eft Eglife Paroiffiale et Canoniale de la fondation de faint Denys[2], il y a juftice haute & baffe.

Saint Yves, cette Eglife porte le nom d'un faint advocat natif de Bretagne.

Le Collège de Cornouailles fut fondé par deux Bretons, ruë du Plaftre.

Saint Severin, cette Eglife Paroiffiale met plufieurs en doute touchant fa fondation : aucuns l'attribuent à Childebert, en rémunération du remède qu'avoit apporté ce faint perfonnage Severin à une maladie défefpérée qu'avoit le Roy Clovis, fon père ; les au-

---

1. Tréguier, ancien évêché de Bretagne, patrie de saint Yves (Côtes-du-Nord).

2. On croit que Saint-Denis avait en ce lieu un oratoire sur l'emplacement duquel fut bâtie en l'honneur de la Trinité l'église de Saint-Benoît. Ce lieu était regardé comme l'une des sept stations de Saint-Denys à Paris.

tres difent que [le] faint dont elle porte le nom, de Chappelle qu'elle eftoit où il faifoit fes dévotions, par les aumofnes des gens de bien, la fit eftre ce qu'elle eft.

Le Collège de M. Gervais Chreftien retient le nom de fon autheur, médecin de Charles V.

Mathurins. Saint Louys renta ce monaftère, où font des religieux de l'Ordre de la fainte Trinité pour retirer les efclaves chrétiens de la main des barbares & de la captivité turquefque.

Hoftel de Clugny ou Cluny autresfois appellé des Thermes, Iulian l'Apoftat le fit rebaftir.

Caluy. Ce Collège a pareillement pour fondateur Robert de Sorbonne, aumofnier & confeffeur de faint Louys.

Collège de Séez a pour fon fondateur Grégoire Langlois, Evefque de Séez.

La Porte faint Michel. Auprès eft le Collège ou Monaftère de Clugny; ce Collège eft de la fondation de Père Yves, Abbé de Clugny, qui le fit conftruire en l'an 1196, un fien neveu le fit achever après fon décès.

Le Collège de Harcourt eft en la ruë de la Harpe, près de la Porte faint Michel, il eft divifé en deux parties, & ladite ruë paffe au milieu. Raoul, Chanoine de l'Eglife de Paris, le fit baftir.

De Iuftice. Ce Collège eft de la conftruction de Iean de Iuftice, Chanoine de noftre Dame de Paris, & Chantre de Bayeux.

Le Collège de Narbonne a pour fondateur le Pape Clément VI, & un Archevefque de Narbonne.

Saint Cofme-faint Damien eft une Paroiffe dépendante de l'Abbaye faint Germain des Prez.

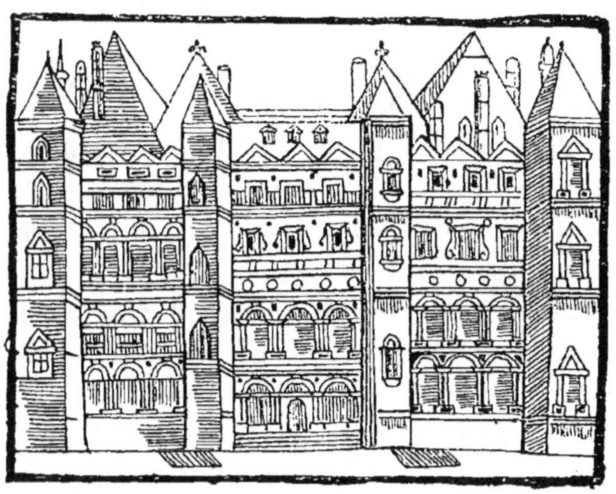

LE CHASTEAU DE MADRID.

M ADRID *eſt vn chaſteau royal que le Roi François Ier fit baſtir dedans le bois de Boulogne, ſur le modelle du baſtiment où il fut priſonnier à Madrid en Eſpagne, mais ce chaſteau à préſent eſt délaiſſé.*

Collège d'Ainville. Iean d'Ainville, ſecretaire de Charles V, donna l'eſtre à cette maiſon, ſon frère, Eveſque de Thérouenne, l'augmenta.

Cordeliers. Ce Monaſtère fut conſtruit ſur la terre qu'Eude le quarante ſeptième Abbé de ſaint Germain, donna aux Frères mendiants de l'Ordre de ſaint François, l'an 1130. Saint Louys accreut ce lieu & y fit baftir. Le feu l'endommagea beaucoup en 1380. La charité des gens de bien l'a reftabli.

De Prémontré eft Maifon Collégiale acquife par l'Abbé de l'Ordre de Prémontré, pour loger des Religieux qui défirent aller aux leçons publiques de Théologie, ou des lettres humaines.

Le Collège de Bourgogne eft de la fondation de Ieanne, Reyne de France & de Navarre, femme de Philippe V, fon baftiment fut commencé l'an 1311.

Collège Mignon ou des Mignons, fut érigé l'an 1243 par Iean Mignon, ne fut nommé Collège que du temps de Michel Mignon, neveu dudit Iean Mignon, qui y fit baftir une Chappelle. Il a été baillé par le Roy Henry III à l'Abbé de Grammont, l'an 1584, en échange du Prieuré de Vincennes.

Collège de Tours. La charité d'Eftienne de Bourgueil, Archevefque de Tours, le fit conftruire pour y entretenir un principal & six bourfiers de fon diocèfe.

Saint André des Arts eft Eglife Paroiffiale, fon baftiment fut commencé par un Abbé de faint Germain des Prez & achevé l'an 1212, elle dépend de l'Vniverfité.

Le Collège d'Autun a pour fondateur Pierre Bertrand, Cardinal du tiltre de fainte Suzanne, Evefque d'Autun.

L'Hoftel d'Hercules, ainfi nommé d'un gentilhomme flamand qui l'avoit fait baftir y avoit fait dépeindre tous les travaux d'Hercules.

Auguftins. Ce Monaftère fut édifié par Charles V, pour loger les Religieux de l'Ordre de faint Auguftin,

Les cérémonies de l'Ordre des Chevaliers du Saint
Efprit fe font en ce Monaftère. En l'an 1610, le Parlement y fut transferré à caufe que le Palais eftoit em-
pefché pour l'entrée de la Reyne.

Hoftel de Nevers nommé anciennement l'Hoftel de
Nefle, fervoit de logement aux Roys de France, il
appartient à Iean, duc de Berry & finalement au feu
duc de Nevers, meffire Ludovic de Gonzague, qui le
fit baftir fuperbement à la romaine[1].

La Porte de Nefle a efté agrandie & renduë capa-
ble pour paffer les carroffes par le commandement de
la Reyne Marguerite.

Le Pont neuf[2] eft maintenant parfait; Henri III
pofa la première pierre en l'an 1578; le 23 aouft 1614
y fut pofée la figure de Henri le Grand, fur un cheval
de bronze, pefant trente milliers, ce bel ouvrage fut
fait à Florence par M. Iean de Boulogne, très excellent Sculpteur.

Place Dauphine eft ün des avenans de Paris[3], baftie du temps de Henri le Grand, compofée en triangle,
où toutes les maifons font bafties de mefme façon,
fans qu'il y aye rien à l'une plus qu'à l'autre.

Porte de Buffi[4], elle porte le nom d'un Chevalier
qui la fit reftablir l'an 1380.

1. Dans le dernier goût du xviie siècle.
2. Le Pont neuf, qui n'est plus neuf, pourrait s'appeler le pont
aux neuf issues.
3. Un des endroits les plus beaux.
4. Simon de Buci, conseiller du roi, acheva la porte Saint-Ger-
main-de-Prez et lui donna son nom.

La Porte faint Germain a efté fermée & murée pendant les derniers troubles, & eft maintenant rebaftie de neuf.

Saint Germain des Prez, en ce lieu, devoit eftre le Temple d'Ifis. Childebert, Roy de France, érigea cette Abbaye fous le nom de faint Vincent, après que le corps de faint Germain y (fut) apporté, elle fut dédiée à fon nom. Charles de Bourbon, Cardinal & Archevefque de Roüen, a accreu cette Abbaye d'un fuperbe baftiment.

Foire faint Germain, la permiffion d'ouvrir & tenir cette foire fut donnée aux Religieux de cette Abbaye par Louys XI, en l'année 1482, elle commença le lendemain de la Chandeleur, en l'an 1611, on la tint fous les fales de faint Iacques de l'Hofpital.

Saint Sulpice eft Eglife Paroiffiale du faux-bourg faint Germain.

Hofpital faint Germain, ç'a efté autresfois une maladrerie qui a efté convertie en maifon de Dieu qui dépend du grand Bureau des pauvres. Derrière l'Abbaye faint Germain, & attenant les murailles eft l'hofpital des Frères de la Charité.

Dedans le faux-bourg, en tirant en bas du cofté de l'eau, eft un Convent d'Auguftins réformez.

Le Convent des Religieux de la Charité eft ainfi appelé, parce qu'ils traitent dans leur maifon fort charitablement force malades, c'eft leur profeffion.

LA BASTILLE.

L A *Baſtille eſt un chaſteau aſſis contre la Porte de ſaint Antoine, de forme carrée, flanquée de quatre tours, baſti par vn nommé Aubriot, qui l'eut le premier pour priſon; comme on raconte d'Enguerrand de Marigny, qui fut pendu le premier au gibet de Montfaucon, qu'il avoit fait dreſſer, & depuis vn nommé Pierre Remy l'ayant fait refaire y fut attaché. L'Arſenal eſt contre la rivière avec vn beau logement pour le grand Maiſtre de l'Artillerie.*

LE TOTAL & NOMBRE DES PAROISSES DE LA VILLE DE PARIS & DE SES FAUX-BOURGS[1].

Saint André, ruë Saint-André. Saint Barthélemy, ruë de la Barillerie. Saint Benoiſt, Chanoinerie, ruë faint Iacques. Sainte Croix, ruë de la Drapperie. Saint Chriſtophe près noſtre Dame. Saint Coſme & faint Damien, ruë de la Harpe. Saint Denys, ruë faint Denys. Saint Euſtache, ruë Montmartre. Saint Eſtienne du Mont, à la Montagne fainte Geneviève. Saint Germain l'Auxerrois, Chanoinerie, ruë de l'Arbre Sec. Saint Germain le Vieil, au Marché neuf. Saint Gervais, rue du Monceau. Sainte Geneviève des Ardans, ruë noſtre Dame. Saint Honoré, Chanoinerie, ruë faint Honoré. Saint Hilaire, ruë d'Écoſſe. Saint Hippolyte, au faubourg faint Marcel. Saint Iacques de la Boucherie, ruë des Écrivains. Saint Iacques du Haut-Pas, faux-bourg faint Iacques. Saint Iean en Grève. Saint Innocent, ruë faint Denys. Saint Joſſe, ruë Aubry le Boucher. Saint Joſeph, ruë Montmartre. Saint Landry, ruë faint Landry. Saint Laurent, faux-bourg faint Martin. Saint Louys, Iſle noſtre Dame. Saint Leu–faint Gilles, ruë faint Denys. Saint Martin, au Cloiſtre

---

1. Dans toutes les descriptions de Paris, jusqu'à cette époque, on trouve au commencement une dissertation plus ou moins diffuse sur des origines fabuleuses, et au corps de l'ouvrage de la statistique comme on l'entendait alors.

ſaint Marcel. Saint Médard, faux-bourg ſaint Marcel.
Saint Méderic ou Merry, ruë ſaint Martin. Sainte
Marguerite, faux-bourg ſaint Antoine. Sainte Magde-
leine, ruë de la Iuifverie. Sainte Marine, ruë ſainte
Marine. Saint Nicolas du Chardonnet, ruë des Ber-
nardins. Saint Nicolas des Champs, ruë ſaint Martin.
Noſtre Dame de Bonne Nouvelle, en la Ville-neufve.
Noſtre Dame des Neiges, ſous la ſainte Chapelle.
Sainte Opportune, ruë ſaint Denys. Saint Paul, ruë
ſaint Antoine. Saint Pierre aux Bœufs, ruë aux Bœufs.
Saint Pierre des Arſis, ruë de la Drapperie. Saint Sau-
veur, ruë ſaint Denys. Saint Siphorien, rue des Hauts
Moulins. Saint Severin, ruë ſaint Iacques. Saint Sul-
pice, faux-bourg ſaint Germain. Saint Thomas du
Louvre, ruë des Orthies.

NOMBRE DES RELIGIEVX DE PARIS.

*Auguſtins du grand Convent. Auguſtins réformez.
Auguſtins deſchauſſez. Blancs Manteaux. Bernardins.
Bernabites. Cordeliers. Carmes du grand Convent.
Carmes mitigez. Carmes deſchauſſez. Chartreux.
Céleſtins. Capucins, trois convents. Saint Eſtienne des
Grecs, Chanoinerie. Feuillans. Sainte Geneviefve du
Mont, Abbaye. Saint Germain des Prez, Abbaye. Iaco-
bins du grand Convent. Iacobins reformez. Iacobins du
Noviciat. Iéſuites, trois convents[1]. Saint Laʒarre. Saint*

1. Le noviciat, la maison professe et le collège des Jésuites, depuis nommé Louis-le-Grand

Martin. Saint Marcel. Minimes. Pères de l'Oratoire. Pères du tiers Ordre de faint François. Prémonftré. Recollez du tiers Ordre de faint François. Recollez du faux-bourg faint Martin. Saint Sépulchre, Chanoinerie. Théatins. Saint Victor, Abbaye. Le Temple. Saint Iean de Latran.

NOMBRE DES RELIGIEVSES.

L'Abbaye faint Antoine. L'Annonciade. L'Affomption. L'Ave Maria. Auguftines, trois convents[1]. *Sainte Avoye. Bernardines. Filles du Calvaire, deux convents. Capucines. Carmélites, deux convents. Céleftines. Cordelières, deux convents. Conception du tiers Ordre de faint François. Congrégation de noftre Dame. Nouvelles Converties. De faint Dominique. Des Filles Dieu. De fainte Elisabeth. De Fervaque. Feuillantines & Haudriettes.*

NOMBRE DES PONTS.

Sur la rivière eft (sic) conftruit onze ponts, fçavoir :

Le Pont des Tuileries. Le Pont Neuf. Le Pont au Change. Le Pont noftre Dame. Le Pont Marie. Le Pont de l'Ifle noftre Dame. Le Pont de la Tournelle. Le Pont faint Michel. Le Petit Pont. Les deux Ponts de l'Hoftel Dieu.

1. L'auteur écrit toujours convent (*conventus* en latin), dont par adoucissement on a fait couvent.

NOMBRE DES PORTES.

Nous y compterons vingt portes, fçavoir :

La Porte faint Antoine. La Porte faint Loüys. La Porte du Temple. La Porte faint Martin. La Porte faint Denis. La Porte fainte Anne. La Porte Montmartre. La Porte de Richelieu. La Porte faint Roch. La Porte faint Honoré. La Porte de la Conférence. La Porte de Nefle. La Porte Dauphine. La Porte de Bucy. La Porte faint Germain. La Porte faint Michel. La Porte faint Iacques. La Porte faint Marceau. La Porte faint Victor & la Porte faint Bernard.

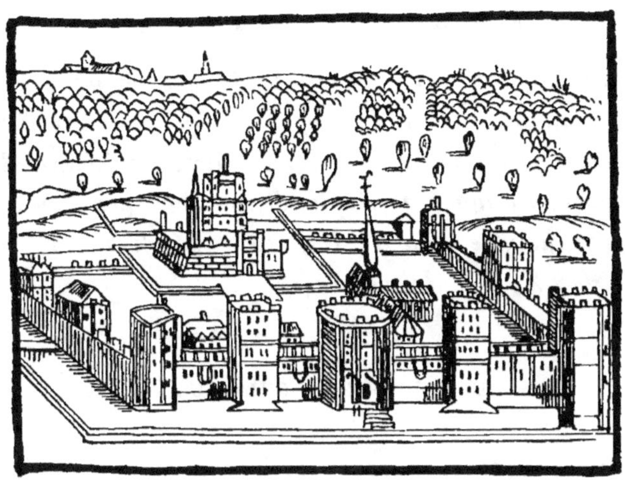

DV BOIS DE VINCENNES.

E *Bois de Vincennes, qui eſt vn fort grand
Chaſteau, & baſty à la moderne, où le Roy,
avec ſa Cour, va ſouvent ſe divertir & ſe prome-
ner. Tout y eſt conſidérable & curieux à voir, ſurtout ſa
belle & ſainte Chappelle[1], ſes jardins, ſes allées, ſes
bois, ſes baſtiments, &c. Et ſemble que ce Chaſteau ait
eſté choiſy de Dieu pour y faire naître, vivre, régner
& mourir les plus grands Roys. Saint Loüys y rendoit la
Iuſtice à ſon peuple au pied d'vn cheſne, que l'on monſtre
encore aujourd'hui. C'eſt le Cours de Paris, où tous les*

1. Voir la note 1, p. 31 pour le titre de Sainte-Chapelle.

foirs d'efté l'on voit le beau monde, qui va prendre le frais dans ces allées. Philippes Augufte fit enfermer le bois de murailles, & jetta les premiers fondements du chafteau. Philippes de Valois éleva la tour jusqu'au rez de la chauffée, que le Roy Iean pourfuivit et que Charles V, fon fils, acheva.

LISTE DES HOSPITAUX.

Sainte-Catherine, ruë faint Denys, pour les Filles. La Charité, faux-bourg faint Germain, pour les hommes malades. La Charité des femmes, ruë du Foin, près la place Royale. Les Enfans rouges, près le Temple. Enfans trouvez, hors la porte du faux-bourg faint Denys. Du Saint Efprit, pour les orphelins de père & de mère, près de l'Hoftel de Ville. De faint Gervais, rue du Monceau, près l'Eglife faint Gervais. De fainte Geneviefve, faux-bourg faint Iacques. Le grand hofpital de l'Hoftel-Dieu de Paris, près noftre Dame. L'Hofpital de faint Iacques, pour les Pèlerins, rue faint Denys. Les Incurables, faux-bourg faint Germain. Saint Julien des Meneftriers, rue faint Martin. Petites Maifons où font receues les vieilles perfonnes de l'un & de l'autre fexe, & ceux qui font troublés de l'efprit, faux-bourg faint Germain. Saint Loüys dans les Marets, hors les Portes de faint Martin & du Temple, pour ceux qui font affligés de la contagion. Saint Lazarre eftoit cy·devant

Hofpital pour les ladres, au faux-bourg faint Denys. La Miféricorde, vieille ruë faint Iacques, faux-bourg faint Marcel & faint Victor. La Pitié au bout d'en bas de la rue Coppeau, faux-bourg faint Victor. La Providence, faux-bourg faint Antoine. Les Quinze-Vingts, pour les Aveugles, rue faint Honoré. La Santé, pour les contagieux, faux-bourg faint Marcel, rue de l'Arbaleftre. Scipion, rue de la Barre, faux-bourg faint Marcel. La Trinité, rue faint Denys. Des Teigneux (*sic*), faux–bourg faint Germain, ruë de la Chaife, près les Petites Maifons. Vn autre Hofpital pour les enfermez à Chaillot. Vn autre au Chafteau de Bixceftre, nouvellement édifié pour mettre les pauvres.

Lifle des Palais & Hoflels de Paris.

Hôtel des Ambaffadeurs extraordinaires, rue de Tournon. Hôtel d'Angoulefme, rue Pavée. Hôtel d'Avau, rue fainte Avoye. Hôtel d'Aubray, rue des Petits Champs. Hôtel Bailleul, rue du Brac[1]. Hôtel Bourbon, rue près du Louvre. Palais Cardinal, rue faint Honoré. Hôtel de Chavigny, rue des Balets. Hôtel de Chevreufe, rue Saint-Thomas du Louvre. Hôtel Clugny, rue des Mathurins. Hôtel Conty, fur le quay Malaqueft. Hôtel Condé, rue de Gondy,

1. Rue de Braque; elle doit sa dénomination à Arnould de Braque, qui, en 1348, y fit bâtir une chapelle et un hôpital. Un Germain de Braque était échevin de la ville de Paris en 1447.

faux-bourg faint Germain. Hôtel Créquy, rue des Poulies. Hôtel Efpernon, rue Plâtrière. Hôtel Guénégaud, rue des Francs Bourgeois. Hôtel de Guife, rue du Chaume. Hôtel de Hallier, rue des Bons Enfans. Hôtel de l'Hofpital, rue des Foffés de Montmartre. Hôtel de Longueville, rue des Foffés faint Germain de l'Auxerrois. Hôtel de Lorraine, rue Paule[1]. Hôtel du Louvre, chafteau royal. Hôtel de Montbafon, rue Bétify. Hôtel de Montmorency, rue fainte Avoye, à préfent l'Hôtel de Mefme. Hôtel de Nemours, Pavée en l'Vniverfité. Hôtel de Nevers, fur le quai de Nefle. Hôtel d'Orléans, faux-bourg faint Germain. Hôtel de la Roche Guyon, rue des Bons Enfans. Hôtel de Séguier, rue de Grenelle. Hôtel de Sens, rue des Barres. Hôtel de Soiffons, rue des Deux-Écus. Hôtel de Souvré, rue Fromenteau. Hôtel de Sully, rue faint Antoine. Le Palais des Thuilleries. Hôtel de la Trémouille, rue de Vaugirard. Hôtel de Vendofme, rue faint Honoré. Hôtel Ventadour, rue de Tournon. Hôtel de la Ville, à la place de Grève. Hôtel Villequier, rue des Poulles[2]. Hôtel Vitry, rue des Minimes.

1. Lifez Pavée-au-Marais, voir la note 1, p. 24.

2. La rue des Poulles portait déjà ce nom en 1205. Sauval prétend qu'elle doit son nom aux poulies de l'hôtel d'Alençon, et que ces poulies étaient un jeu ou exercice encore en usage en 1343. Jaillot croit que cette dénomination lui vient d'Edmond de Poulie, qui possédait dans cette rue une grande maison et un jardin qu'il vendit à Alphonse, comte de Poitiers, frère de saint Louis.

Lifte des Places notables où fe tiennent les Marchez
les mercredis & famedis.

Premièrement les Halles, autresfois le marché Champeau où eft la halle au bled (qui a cinq portes), aux draps, chanvres, toilles, cuirs, fruits, & toutes fortes de légumes & herbages, poiffons tant de mer que d'eau douce; là eft auffi le Pilory, à l'entour des dites Halles, fe vend le pain.

Le Cimetière faint Iean, où fe vendent le pain, le poiffon & autres denrées. La Porte de Paris où fe vendoit le poiffon, devant le grand Chaftelet. La Vallée de Mifère. La Grève où eft l'eftape du vin[1], où on vend le bled et l'avoine. La Place de France, où fe tient le marché aux Marests du Temple. Le Cimetière dès Anglois[2], où on vend du poiffon, près faint Paul. Le Marché Neuf, où fe vendent le pain & poiffons pour la Cité. La Place Maubert où on vend le pain & le poiffon pour l'Vniverfité. La Place du bout du Pont faint Michel. Le Marché nouvellement eftably à la Place faint Iacques.

La Place du Pilory faint Germain[3], où fe vendent le

1. Primitivement l'étape au vin était à la place de Grève. Voir pour l'explication de ce mot la note 1, p. 27.

2. La place qui est vis-à-vis l'église Saint-Louis des Jésuites, depuis dite place Birague, était antérieurement le cimetière des Anglais. Ce nom se rattache probablement à un épisode de l'occupation anglaise, sur lequel les annales parisiennes sont muettes.

3. Aujourd'hui place Gozlin, avant l'ouverture du boulevard Saint-Germain; sur cette place se trouvaient, outre le pilori de

pain, le poiſſon & autres denrées pour le faux-bourg ſaint Germain.

Eſt à noter qu'en preſque tous ces lieux, il y a boucheries, & qu'aux advenues de preſque toutes les portes, il y a des petits marchez où on vend de meſme menues denrées.

Liſte des autres Places où il n'y a point de marchez.

La Place Royale, vers la Baſtille. *La Place du Louvre,* où ſont les corps de garde. *La Place du Palais Royal. La Place Dauphine,* en l'Iſle du Palais. *La Place du Parvis noſtre Dame. La Place du Palais* où ſe tient le Change. *La Place de Sorbonne,* en l'Vniverſité. *La Place* devant la Baſtille. *La Place de l'Arſenal. La Place de l'École. La Place où ſe tient la foire ſaint Germain,* au faux-bourg ſaint Germain. *La Place où se tient la foire ſaint Laurent,* au faux-bourg ſaint Martin. *La Place* où il y a une croix dont ils portent le nom.

Croix Neuſve, près ſaint Euſtache. *Croix des petits Champs,* au bout de la ruë du meſme nom, près ſaint Honoré.

Croix ſaint Nicolas des Champs. Croix du Tiroir, rue ſaint Honoré & au bout de la rue de l'Arbre Sec. *La croix Rouge,* faux-bourg ſaint Germain. *La croix de la Porte Paris,* proche le grand Chaſtelet.

l'abbaye, la geôle ou prison abbatiale, et une barrière des Sergents (voir la note 3, p. 12), et le marché dont il est ici parlé.

La Croix Clamart, au faux-bourg faint Victor. *La Croix Faubin,* faux-bourg faint Antoine. *La Place Mofitʒ*[1], où eft à préfent *la place aux Veaux,* proche le Pont Marie.

Les Marchez aux chevaux, l'un proche la porte faint Honoré, derrière l'hoftel de Vendofme, & l'autre au faux-bourg faint Victor, & à la croix Clamart, proche de là, eft le Marchez aux pourceaux.

1. Cette dénomination est obscure, quoique l'emplacement soit bien désigné. Ce nom vient-il par antiphrase de Jehan Bonnefille, maître boucher, qui, en 1372, habitait tout proche, ou est-il synonyme de mauvais fils appliqué à la première famille des bouchers, comme les *Sainetyons,* qui y habitaient au xive siècle et qui, au xve, se signalèrent par leur férocité pendant les troubles civils des Armagnacs et des Bourguignons?

TABLE ALPHABÉTIQUE

DES NOMS DE PERSONNES ET DE LIEUX.

A. Quantin imprimeur
r. S. Benoit. 7. à Paris

FIN DE LA TABLE ALPHABÉTIQUE.

TABLE DES MATIERES.

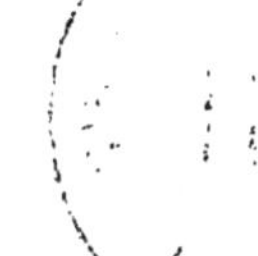

COLLECTION

DES

ANCIENNES DESCRIPTIONS DE PARIS

COMPRENANT :

ISAAC DE BOURGES. — Description des monuments de Paris, xviii° siècle. Avec planches.

ANTOINE DU MONT ROYAL. — Glorieuses antiquités de Paris. 1678. 10 gravures.

GUILLARET (FRANÇOIS). — Abrégé des antiquités de Paris. 1601.

FATOLLES (L'ABBÉ DE). — Paris, ou Description succincte de cette grande ville. 1677.

MUNSTER (SEBASTIEN). — Description de Paris. 1551. Avec une carte.

DELLA FOREST (FRANÇOIS DE). — Description historique de Paris. 1572. Carte.

Etc., etc.